LA HUELLA DE SÁNCHEZ

José Antonio Zarzalejos

LA HUELLA DE SÁNCHEZ

El régimen de 2018.
Los años de la destrucción

la esfera ⊕ de los libros

Primera edición: noviembre de 2025

© José Antonio Zarzalejos Nieto, 2025
© La Esfera de los Libros, S.L., 2025
Avenida de San Luis, 25
28033 Madrid
Tel.: 91 443 50 00
www.esferalibros.com

ISBN: 978-84-1094-178-6
Depósito legal: M. 20.143-2025
Fotocomposición: J. A. Diseño Editorial, S.L.
Impresión y encuadernación: Unigraf
Impreso en España–*Printed in Spain*

Índice

En reconocimiento a José Antonio Sánchez por su determinación en defender la independencia fundacional de *El Confidencial*, que, ya con veinticinco años de trayectoria, ha innovado el modelo informativo y editorial de los periódicos en España.

Introducción

LA HUELLA DE SÁNCHEZ

«¿Qué dirá de mí la historia?».
Pedro Sánchez a Màxim Huerta, junio de 2018

El principio del fin del sistema constitucional de 1978 tiene una fecha: el 1 de junio de 2018. Ese día el Congreso de los Diputados invistió como presidente del Gobierno a Pedro Sánchez mediante una exitosa moción de censura a Mariano Rajoy. El Partido Socialista Obrero Español (PSOE) se conjuró con varios grupos parlamentarios antisistema y dio comienzo el régimen actual que, durante varias legislaturas, ha desactivado paulatinamente el equilibrio de poderes y las garantías del funcionamiento democrático del Estado de derecho.

El rastro histórico de la gestión de Sánchez y de sus gobiernos, siempre apoyados por la extrema izquierda y los partidos secesionistas catalanes y vascos, ha dejado una huella cargada de presente y de proyección futura, en los términos en los que a este concepto se refirió el filósofo Walter

Benjamin. Aunque transcurra el tiempo y traten de revertirse los efectos de sus mandatos, la muesca histórica permanecerá de manera indeleble. Porque, entre otras muchas razones, Sánchez, con sus decisiones y comportamientos, ha creado unos precedentes que pueden repetirse en futuros escenarios políticos, amparados por el valor del uso o de la costumbre. En palabras del filósofo y jurista Javier Gomá, las «instituciones son costumbres organizadas, un lugar donde la gente comparte una forma de ser reglada, de tal modo que, si las instituciones solo se basan en las leyes, son papel mojado».

Concluya cuando concluya la gobernación de Sánchez, lo cierto es que sus mandatos ya han creado usos derogatorios esenciales de la Constitución de 1978 y han establecido las condiciones de un modelo de régimen personalista y arbitrario. Ha podido permanecer en el poder sin presentar los Presupuestos Generales del Estado; ha logrado mantenerse en la presidencia del Gobierno sin mayoría parlamentaria; ha colonizado las instituciones y organismos públicos sin la más mínima resistencia del sistema; ha validado sus decisiones mediante la intervención de un órgano de garantías constitucionales infiltrado de colaboracionistas que, con una serie de sentencias estratégicas, ha alterado la naturaleza normativa de la Constitución; ha mentido impunemente al electorado, pactando para ser investido todo lo contrario de lo que le prometió cumplir y, entre otros muchos comportamientos jurídica y políticamente impúdicos, ha dinamitado la exigencia de la responsabilidad política. Con todo ello, ha creado un capital de *mores* (costumbres) que dejan sin efecto los mandatos constitucionales, sustituyéndolos por medidas que se legitiman en los recursos dialécticos del populismo: el mayoritarismo y el decisionismo del líder.

En las páginas que siguen se describe cómo de profunda es la huella de los gobiernos de Sánchez y cómo de irreversibles serán sus consecuencias, aunque le suceda otro presidente que con diferente apoyo parlamentario trate de revertir el régimen que, con propiedad, se ha dado en denominar «sanchista». Referencias de lo que ocurre en España pueden detectarse en otros países. El asalto impune al Capitolio en Washington en enero de 2021 representaría paroxísticamente una verdadera implosión democrática. Distinta pero no distante de la también impunidad implosiva de los golpistas en Cataluña, primero indultados, luego amnistiados y, al tiempo, introducidos como determinantes en la gobernación del Estado en un zigzag histórico realmente imprevisible, pero tan cierto como desolador.

La gran cuestión es esta: ¿sigue siendo válida a todos los efectos la Constitución de 1978? La respuesta ya no es tan asertiva como hace apenas unos lustros. Si los gobiernos de Sánchez están siendo posibles con la vigencia formal del texto constitucional, entonces es que esta carece de resortes de respuesta a la arbitrariedad. Pero, quizá, la pregunta precisa sería distinta: ¿alguna Constitución dispone de capacidades para evitar la deslealtad en su cumplimiento? La sombra de la abatida constitución de Weimar responde: ninguna. De ahí, la perspicacia de Javier Gomá al advertir de que las instituciones son costumbres organizadas. Y la costumbre constructiva, siendo una fuente del Derecho, implica sobre todo una voluntad leal al espíritu de la ley y a las demandas éticas más básicas de la convivencia.

En España, la huella de Sánchez y sus gobiernos es la de la deslealtad hacia la Constitución de 1978. Simulando que permanece fiel a sus mandatos, ha erigido un régimen que, de hecho, ignora sus preceptos. Esa es la razón por la que vivimos, como los alemanes en 1933 o los norteamericanos en 2021, el «síndrome de 2018», el principio del fin del propósito de la Transición, el más extraordinario logro cívico de los españoles en su reciente historia.

En un luminoso y breve ensayo, Julián Marías se preguntó cómo pudo ocurrir que los españoles nos enfrentásemos en una cruenta guerra civil. Su respuesta reclama reflexión para este momento nacional: «Se produjo la voluntad de no convivir, la consideración del otro como inaceptable, intolerable, insoportable». Pues bien, esa estrategia de colisión incívica es la que ha empleado Sánchez para instalar la dinámica amigo-enemigo y justificar su proyecto: el muro.

Walter Benjamin, en la teoría de la huella histórica, tomaba en consideración las artes, las letras y los monumentos. La empalizada del sanchismo ha sido su huella, su monumento, y convoca a España, otra vez, a destruirla para regresar a la unidad perdida. Pero para poder hacerlo, si fuese todavía posible, hay que saber cuándo, cómo y por qué desde 2018 hasta el presente se ha pervertido el sistema constitucional y se ha sustituido por un régimen iliberal. Este relato intenta ofrecer respuestas.

En el encabezamiento de cada uno de los siguientes capítulos se reproduce un aforismo de Stefan Zweig, autor de *El mundo de ayer*, seleccionados por Juan Parra en una excelente relación temática de los mejores párrafos de su obra. Tiene sentido recuperar aquí las reflexiones del escritor austríaco porque, acaso, la Transición y su breada política, social y cultural haya sido nuestro particular y perdido «mundo de ayer».

1

LOS AÑOS DE LA DESTRUCCIÓN

«España es solo una unidad cartográfica: en realidad está escindida en dos partes casi diametralmente opuestas que, a su vez, se descomponen en un millar de contrastes distintos».

El último estertor de la Transición se produjo el 11 de junio de 2014. Alfredo Pérez Rubalcaba, secretario general del PSOE, que falleció precozmente en mayo de 2019, pronunció un histórico discurso en el Congreso de los Diputados para expresar el apoyo del grupo parlamentario socialista a la Ley Orgánica de Abdicación de Juan Carlos I. En la intervención del político cántabro podían detectarse ya los síntomas de una alarma nacional que, sin embargo, fueron entendidos como un mero recurso oratorio. Nadie pareció percatarse de que uno de los hombres con más lucidez política y sentido institucional del socialismo refundado por Felipe González en 1974 estaba entonando un elogio funerario al sistema constitucional de 1978 del que apenas dos años después Pedro Sánchez desvincularía a la izquierda española.

Rubalcaba recordó en su discurso lo siguiente:

España, en estos treinta y cinco años, ha tenido monarquía
y democracia. En España, en estos treinta y cinco años, ha
gobernado la izquierda y la derecha. En España, en estos
treinta y cinco años hemos sido capaces de llevar el proceso
más profundo de descentralización administrativa y política
de nuestra historia. Treinta y cinco años después, los socialistas seguimos sin ocultar nuestra preferencia republicana,
pero nos seguimos sintiendo compatibles con la monarquía
parlamentaria. En resumen, el Partido Socialista, que tiene
ciento treinta y cinco años, cumple sus acuerdos. No va a
romper el consenso constitucional, y, si un día estima per-
tinente que ese consenso se revise para sustituirlo por otro,
lo hará a través de los cauces pactados, de los cauces legales.
Nadie nos va a apartar del cumplimiento de la Constitución,
nadie; tampoco a la hora de abordar sus reformas. Todas las
propuestas de reforma son posibles. Todas merecen una
discusión. Pero su aprobación debe seguir los cauces que
esta Cámara estableció y que los españoles ratificaron en
referéndum.

Hoy, pues, nuestro voto positivo es también una ratifi-
cación del consenso alcanzado durante nuestra Transición
sobre la forma política del Estado.

En realidad, esta disertación más que una exaltación del
consenso constitucional contenía los acentos de un obitua-

rio político. Afirmaba la lealtad del socialismo a la Transición, pero intuyendo que decaería. Por eso advertía de que cualquier modificación de la planta constitucional requeriría del escrupuloso cumplimiento de los procedimientos de reforma previstos en la Carta Magna. El esfuerzo de Pérez Rubalcaba para que, en el momento más crítico para la Corona, el PSOE se mantuviese en la observancia de sus compromisos históricos delataba la movilización en la izquierda española de fuerzas muy activas que los desdeñaban.

La propia figura de Pérez Rubalcaba resultaba contradictoria, como él mismo llegó a reconocer en privado. Porque formó parte del Gobierno de José Luis Rodríguez Zapatero que en 2007 abrió una brecha impensable: la conocida como primera Ley de Memoria Histórica, que, con un afán revisionista inédito, ponía en cuestión el proceso que cristalizó en la Constitución de 1978. Aquel texto fundacional de la democracia no hubiera sido posible sin la amnistía de 1977 y sin la legalización de todos los partidos políticos. Acaso tampoco sin el reconocimiento de la Generalitat republicana en la persona de Josep Tarradellas, que regresó a España también en 1977, legitimando el proceso transicional de la dictadura a la democracia que el país recorrió en solo tres años, entre 1975 y 1978. La norma memorial desbarataba el pacto de perdón, que no de olvido, que suscribieron las generaciones constituyentes españolas.

Pérez Rubalcaba, el mismo que jugó un papel crucial en el buen final de la abdicación de Juan Carlos I, el mismo que reformuló con sinceridad la vinculación del PSOE con la Constitución y la forma monárquica parlamentaria del Estado, desempeñó con Rodríguez Zapatero responsabilidades máximas. Fue portavoz, ministro del Interior y vicepresidente en sus gabinetes. Y es indiscutible que la agonía de la Transición comenzó en el periodo 2004-2011 bajo los mandatos de Zapatero y Rubalcaba, y que la Ley de Memoria Histórica fue una de las herramientas que reventó el pacto constitucional. También lo hizo el nuevo Estatuto de autonomía para Cataluña de 2006, cuya revisión por el Tribunal Constitucional en 2010 engendró el proceso soberanista catalán que culminó en la declaración unilateral de independencia por Carles Puigdemont en octubre de 2017.

El sucesor de Pérez Rubalcaba en la secretaría general del PSOE en 2014 —aplazó su retirada de la política activa a petición del rey Juan Carlos I para que patronease al PSOE en el difícil trance de su abdicación— resultó ser Pedro Sánchez. Este recibió el apoyo de toda la nomenklatura socialista, incluido el de Rubalcaba, frente a Eduardo Madina, al que se tenía por indócil y radical. El bilbaíno no fue nunca el candidato preferido de Felipe González, pese a sus enfáticas declaraciones del 12 de junio de 2025, con motivo del acto de entrega de la V edición del premio que recuerda a Rubalcaba, en las que afirmaba lo contrario: «En mi cabeza y en mi corazón, sigue siéndolo». Tanto para González como para Rubalcaba el candidato deseado en las primarias de 2014 fue Pedro Sánchez Pérez-Castejón.

Si Sánchez resultó elegido fue por el respaldo de la llamada «vieja guardia» del PSOE y de Rodríguez Zapatero, que intuyó en Sánchez las potencialidades que luego demostró. La participación en esas elecciones de un representante del ala más izquierdista del partido —José Antonio Pérez Tapias, de Izquierda Socialista— fue ideada para que drenase apoyos a Eduardo Madina, favoreciendo la opción oficialista de Pedro Sánchez.

Rubalcaba, pero también otros dirigentes del PSOE, jamás llegaron a suponer que Pedro Sánchez se convertiría en el personaje que se reveló en octubre de 2016, en aquel comité federal en el que fue obligado a renunciar a la secretaría general de la organización. Sánchez fue un mal cálculo de los que ahora se lamentan de su error, y de muchos otros que militan acríticamente en el patriotismo de partido, el fundamento de una servidumbre voluntaria que le prestan silenciosamente los cuadros socialistas, con escasas excepciones.

Se dijo de Sánchez que «no vale, pero nos vale», y en ese sintagma residió la equivocación. No hubo en el PSOE tradicional un dolo directo en patrocinar a Sánchez, pero sí una imprudencia temeraria. Y algo más: la inercia de la gestión de Rodríguez Zapatero, primero como secretario general del partido desde el año 2000 y luego como presidente del Gobierno entre 2004 y 2011. Su gestión propició una energía negativa que alcanzó el punto álgido con Pedro Sánchez en 2018, cuando el redivivo líder logró por primera vez en la historia democrática que prosperase una moción de censura constructiva contra Mariano Rajoy, con el apoyo explícito de las fuerzas políticas que impugnaban, precisamente, el compromiso histórico del PSOE con la Constitución y con la monarquía parlamentaria que, como se ha apuntado, había asegurado Rubalcaba en su discurso del 11 de junio de 2014 en el debate de la ley de abdicación de Juan Carlos I.

Pedro Sánchez, sin embargo, no fue una figura emergente solo por un error de cálculo de la vieja guardia del PSOE, aunque también. Ni siquiera fue la consecuencia de la gestión de Rodríguez Zapatero, aunque también. Tampoco, en fin, Sánchez fue la némesis de personalidades con pretensiones hiperbólicas, como las que, en su momento, exhibió Susana Díaz. Sánchez es el producto de dos factores: en primer lugar, el abandono por parte de la izquierda y por buena parte de la sociedad española de su identidad política e histórica y, en segundo lugar, el olvido de los esfuerzos para superar, sin violencia y venganza, la dictadura franquista y la guerra civil, que marcan de forma indeleble el inconsciente colectivo de los españoles.

La izquierda, lentamente con Rodríguez Zapatero, de modo disruptivo y rápido con Sánchez, levó anclas del pacto constitucional y emprendió un camino todavía sin destino seguro, pero sí tentativo: ajustar cuentas con un franquismo que, según un extendido criterio, salió indemne en 1978, obteniendo la derecha una doble victoria, la de cerrar el régimen del Caudillo (1939-1975) sin ruptura y la de instalarse sin peaje en la democracia liberal bajo la forma de la monarquía parlamentaria. La emotividad revanchista, un poso de rencor mal contenido, se percibe de continuo en el objetivo de mantener permanentemente confrontada a la sociedad española. La metáfora del muro —expuesta por Sánchez en el debate de su investidura en noviembre de 2023— absorbe y resume la vigencia del antagonismo como método de ejercicio y conservación del poder.

Sin embargo, esta suerte de rebelión contra los mayores prescriptores del llamado PSOE tradicional no dejaba de ser una grave invención histórica. La ha denunciado, con una repercusión menor de la que merece, el catedrático de Historia Contemporánea de la Universidad Complutense de Madrid y académico de número de la Real Academia de la Historia Juan Francisco Fuentes. En su discurso de ingreso en la Academia, el 24 de noviembre de 2024, reivindicó «la idea de España en el exilio republicano», en absoluto coincidente con la plurinacionalidad confederativa que parece haber poseído a la izquierda de nuestro país. Decía Fuentes que «la visión, a menudo autocompasiva, que tiene de sí misma la España vencida en 1939 suele partir de una concepción fatalista de la historia que convierte el exilio en peripecia de un pueblo maldito expulsado de su patria y obligado a vagar por el mundo». En ese sentimiento de autocomplaciente persecución echa raíces parte del discurso abrasivo del izquierdismo, incómodo en el marco constitucional de 1978, que ha justificado los desafueros de Sánchez, precedidos por los de Rodríguez Zapatero.

Fuentes recuerda las palabras del dirigente republicano Luis Araquistáin: «El mayor enemigo de la democracia española, un enemigo por lo menos igual a Franco, habéis sido vosotros, los falsos socialistas y agentes de la política soviética en España». Refiere el autor una reflexión epistolar de Sánchez Albornoz bien interiorizada en la izquierda: «Un defecto hispánico muy típico: el no saber perder. Ni socialistas ni republicanos supimos perder y esperar cuando fue necesario. Y por no saber perder y esperar a tiempo lo hemos perdido todo». Se refería el célebre historiador a la intolerancia de las izquierdas republicanas a la victoria electoral en 1933 de las derechas de la CEDA y los radicales que desembocó en la revolución de 1934, tanto en Asturias como en Cataluña, con una asonada en Barcelona que tuvo su reverberación en los hechos de octubre de 2017 en la Ciudad Condal.

Es verdad, cuenta Fuentes, que hubo un «exilio irredento», pero no fue el que predominó, sino que lo hizo el criticismo de Manuel Azaña, denunciador de «nuestros mentecatos, nuestros esquizofrénicos, nuestros visionarios cursis y nuestros memos», y que llegó a la apodíctica conclusión de que «debe evitarse que la República se revalorice en la estimación de las gentes porque sus enemigos son peores». En definitiva, Juan Francisco Fuentes, en ese discurso titulado «La Numancia errante», se pregunta: «¿Cuánto del ejemplo y de los ideales de los exiliados se vio reflejado en la Transición a la democracia posterior a la muerte de Franco?, ¿hasta qué punto la catarsis de algunos, probablemente muchos de ellos, revisando críticamente el papel que desempeñaron en la Segunda República, les permitió vislumbrar el rumbo que seguiría la historia de España a partir de 1975?».

Estas cuestiones han obtenido de la izquierda española actual una respuesta posiblemente diferente a la de las grandes figuras del exilio que sintieron, como dijo Luis García Berlanga, «una atracción fatal por España». Una pulsión ajena a los dirigentes del izquierdismo español de nuestros días que quizá no recuerdan ya el documento del Partido Comunista de España de junio de 1956 titulado «Por la reconciliación nacional, por una solución democrática y pacífica del problema español».

Para entender esta dinámica destructiva de la izquierda, sin embargo, hay que sajar la historia con el bisturí, sin clemencia y sin anestesia, y fijar fechas y señalar acontecimientos. Y esa exégesis del pasado reciente conduce de forma inexorable al mes de marzo de 2004, a los atentados terroristas del día 11 de ese mes y a la gestión de la colosal crisis que desataron en la política española. Porque en aquellas fechas dramáticas la derecha y la izquierda españolas que hasta ese momento venían reconociéndose la legitimidad democrática, asumiendo la alternancia en el sistema, respetándolo, decidieron que el tiempo de la concordia había terminado. Se retiraron las credenciales.

La responsabilidad del Gobierno de José María Aznar fue inmensa porque se amparó, a tres días de las elecciones generales del 14 de marzo, en una versión oportunista de la autoría de los atentados, cuando existían indicios muy sólidos de que no fueron perpetrados por la organización terrorista ETA, como muy inicialmente pareció, autolesionándose al no darse margen para la rectificación. Por otra parte, el relato precipitado de la autoría delictiva se acompañó de una miopía política sobrecogedora. Ni cuando el número de víctimas superó la cincuentena José María Aznar llamó a la oposición para, con ella, ofrecer al país, consternado, una propuesta de certeza, de unidad y de solidaridad.

La izquierda, en particular el PSOE, reaccionó a los acontecimientos con virulencia. Reaparece en el relato Alfredo Pérez Rubalcaba, que fue quien lanzó la consigna de «los ciudadanos españoles se merecen un Gobierno que no les mienta». Aunque no fue él quien puso en circulación el «pásalo» telefónico que, a modo de convocatoria, echó a la calle a miles de ciudadanos que asediaron las sedes del Partido Popular durante la jornada de reflexión, sí fue, sin embargo, el alquimista de la indignación social que terminó por llevar a la presidencia del Gobierno a José Luis Rodríguez Zapatero. El PSOE ganó las elecciones con 164 escaños y más de 11 millones de votos. El PP, sin llegar a los 10 millones de papeletas, se quedó en 148.

Pocos días después de los comicios del 14 de marzo de 2004, en una conversación con Mariano Rajoy en su despacho de la sede del partido en la calle Génova de Madrid, me mostró sus apuntes personales con los sondeos elaborados durante la campaña: antes de los atentados, el PP había perdido ya la mayoría absoluta obtenida en las legislativas del año 2000 (186 escaños), pero ganaba con mayoría simple. Después del 11-M, el PP se desplomó. Las llamadas «teorías de la conspiración», de aliento en parte mediático, marcaron la conversación pública y el debate entre los dos grandes partidos hasta que la Audiencia Nacional dictó sentencia en octubre de 2007 sobre la autoría de los crímenes, que atribuyó sin duda razonable a una célula radical islamista.

No sería suficiente, a pesar de todo, localizar en la pésima gestión de los atentados yihadistas de aquel terrible mes de marzo de 2004 la razón del decaimiento del Partido Popular, que en la actualidad sufre un acoso redoblado por el frentismo de las fuerzas políticas, de extrema izquierda e independentistas, que investieron a Sánchez en noviembre de 2023.

Aunque José María Aznar fue el único presidente que se autolimitó a dos mandatos, se confundió al reservarse la facultad personal de designar a su sucesor, que fue, finalmente, Mariano Rajoy, en competición con Rodrigo Rato y Jaime Mayor Oreja. Durante aquella segunda legislatura de Aznar, José Luis Rodríguez Zapatero, líder de la oposición, fue corrigiendo el rumbo del PSOE con políticas opuestas a las de sus predecesores, y estableciendo las bases de una relación con el Partit dels Socialistes de Catalunya (PSC), entonces dirigido por Pasqual Maragall, que estuvieron en el origen de lo que hoy se denomina «sanchismo». También intuyó que un estado de permanente tensión política y social creaba una densidad polarizadora que le favorecía y lo estimuló tanto cuanto pudo.

Zapatero se comprometió con el primer secretario de los socialistas catalanes y luego presidente de la Generalitat de Cataluña, Pasqual Maragall —ya entonces apoyado en una coalición con ERC—, a elevar para su aprobación un nuevo Estatuto de Autonomía a las Cortes Generales, que sería el que acordase el Parlamento catalán. Ese fue el pacto para alcanzar la secretaría general del partido y ganarle por la mano a José Bono, otro personaje turbio de la retaguardia del sanchismo. Ya con el PSOE en el poder en 2004, con el inestimable concurso del PSC, se aprobó el nuevo texto autonómico en 2006, pero el Congreso lo «cepilló», en expresión de Alfonso Guerra, y el Tribunal Constitucional, cuatro años después, en 2010, lo revisó declarando inconstitucionales catorce artículos —los más esenciales, según el criterio del PSC— y varias otras «interpretaciones conformes», tanto de expresiones contenidas en su prólogo —cómo debía entenderse la mención de que Cataluña «es una nación»— como en determinados mandatos normativos. La demora del Constitucional, que dictó sentencia después de que el texto autonómico fuera refrendado el 18 de junio de 2006, introdujo una disfunción en el itinerario legislativo previsto para los estatutos de autonomía en la Constitución.

José Montilla, sucesor socialista de Maragall en la Generalitat, gobernando también con ERC, lanzó a la gente a las calles de Barcelona contra el Constitucional y su sentencia, pero tuvo que retirarse de la concentración para preservar su integridad física y comenzó así formalmente el denominado *procés* soberanista. Culminaría siete años después, en octubre de 2017, con una fugaz declaración de independencia de Cataluña, previa sedición y posterior fuga de Carles Puigdemont, quien se alzó desde 2018 como auténtico factótum de la política española bajo las sucesivas presidencias de Pedro Sánchez. Huido de la justicia, pero incluso con incursiones presenciales como la de agosto de 2024 en Barcelona. Entonces, en cumplimiento de un pacto entre el Gobierno y la Generalitat, cerrado por Félix Bolaños y Pere Aragonés, no fue detenido ni por los Mossos d'Esquadra, los competentes para ello, ni por los otros cuerpos policiales a los que correspondía la vigilancia de la frontera. Las dos euroórdenes libradas por el juez instructor del Supremo, Pablo Llarena, para la detención y entrega del expresidente de la Generalitat, fracasaron. La justicia belga no la atendió en absoluto y la alemana aprobó la entrega a España, pero solo para ser juzgado por un delito de malversación, lo que resultó inaceptable para el magistrado. Puigdemont siguió en libertad.

En la cortina de humo que desprendió el incendio estatutario no se dejaron ver, sin embargo, las más profundas razones del *procés*, que remitían todas ellas al fracaso del nacionalismo catalán de Jordi Pujol en la gestión de una comunidad poseída por el impulso identitario, frustrado y frustrante, que despilfarró la energía con la que Cataluña había sido una de las protagonistas en los años de la Transición. Las clases dirigentes de Barcelona, infiltradas en el PSC de la exquisitez progresista de los hermanos Maragall, pretendieron reformular, sin conseguirlo, las reglas del juego con las que, sencillamente, no ganaban el partido ni dentro ni fuera de Cataluña. La corrupción del *tres per cent* —mordidas de ese porcentaje en las adjudicaciones de obras y servicios públicos— y la corrupción fiscal de la familia Pujol confesada en julio de 2014 fueron los ingredientes adicionales de una sensación colectiva de profundo fracaso histórico en Cataluña. Y a ese juego letal entró sin prevención alguna el PSOE.

El socialismo de Rodríguez Zapatero, ya en una senda de heterodoxia, estaba gestando lo que, años después, ha sido el régimen excepcional en el que vive España con Pedro Sánchez en la presidencia del Gobierno. Entre las elecciones del año 2000 —año en el que Zapatero accedió al liderazgo del PSOE— y las del 2011 —en las que el líder socialista no se presentó como candidato y el zapaterismo perdió el poder—, se consumó el acuerdo de exclusión institucional de la derecha política española mediante el Pacto del Tinell (2003).

También se fortaleció el eje PSOE-PSC, según el cual los socialistas catalanes se presentaban como alternativa a la Convergència i Unió de Pujol —veintitrés años en la presidencia de la Generalitat, desde 1980 hasta 2003—, no solo emulándolo, sino tratando de superarlo en sus reivindicaciones nacionalistas. También se instaló la idea del revisionismo de la Transición con la «memoria histórica» —luego rebautizada por Sánchez en 2022 como «democrática»—. Además, se alteró el paradigma de la política exterior española. Con Rodríguez Zapatero nace el buenismo político, el rechazo a la hegemonía de Estados Unidos, el «no a la guerra» como expresión de un renovado pacifismo y la Alianza de Civilizaciones como modelo de referencia para introducir el progresismo con la presencia de España en la esfera internacional. Y, por fin, se revitalizó de manera tóxica la cuestión catalana. En el paroxismo del problema catalán, siempre irresuelto, Rodríguez Zapatero remedó a Manuel Azaña, mientras que Rajoy hizo lo propio con Ortega y Gasset. Dos propuestas simétricas a las de aquellas figuras históricas en el debate en el Congreso en 1932, durante la Segunda República, sobre el primer Estatuto de Autonomía catalán. Zapatero se mostró tan optimista y falsamente incauto como Azaña —ingenuidad de la que luego el ateneísta se dolió amargamente—, y el popular Rajoy se presentó tan resignado, aunque no tan perspicaz, como Ortega y Gasset, que propugnó la «conllevancia», asumiendo que «ontológicamente» el problema catalán era irresoluble.

¿Qué sucede ahora en Barcelona y en Madrid? Salvador Illa, como Maragall, como Montilla, gobierna con el apoyo de ERC, y Sánchez lo hace en Madrid también con el partido de Junqueras. La historia no se repite, pero rima. Nada es absolutamente nuevo ni absolutamente viejo. No es nueva la efervescencia de la cuestión territorial —mal resuelta por la Constitución de 1978 y deslealmente manejada por el sanchismo— ni lo es el anacrónico secesionismo catalán, recurrente y chantajista, sobre cuya esterilidad han advertido los más paradigmáticos ensayistas e historiadores catalanes.

El fracaso último de Rodríguez Zapatero se produjo en su segundo mandato (2008-2011), pero no por sus políticas domésticas, que sus predecesores en el PSOE empezaban a no reconocer como propias del partido fundador del *statu quo* de 1978, sino por el autismo político del presidente que se negó tozudamente a reconocer que España, en el contexto de la crisis del 2008, había entrado en recesión económica. Esta crisis abrió las puertas a otra mayoría del Partido Popular (186 escaños) y causó un pésimo registro electoral del PSOE: solo 110 diputados. El partido había quedado en manos de Alfredo Pérez Rubalcaba. En febrero de 2012, el cántabro fue elegido secretario general del PSOE en dura competición con Carme Chacón. Se encargó así de una dura travesía en el desierto del principal partido de la oposición, porque hubo de administrar la herencia negativa que le legó Rodríguez Zapatero, pero haciéndolo desde la debilidad parlamentaria y orgánica, y con un país ya instalado en el revisionismo y el deterioro institucional.

Salvo algunas figuras —que se consideraban amortizadas y que luego fueron disidentes del sanchismo— el equipo de Rubalcaba fue el de su predecesor y luego, en buena medida, el de Pedro Sánchez. Entre estos destaca una figura que volverá a aparecer en estas páginas, Miguel Barroso, fallecido en 2024, secretario de Estado de Comunicación en los primeros compases del zapaterismo y marido de la entonces ministra de Defensa socialista, Carme Chacón. Barroso fue el urdidor de una estrategia de comunicación basada en las técnicas del relato, el neolenguaje progresista y los hechos alternativos; también el más inteligente y sofisticado de los asesores de Rodríguez Zapatero, y, sin duda, el que le ayudó de manera decisiva a perfilar su estereotipo y construir su perfil, logrando que el «bobo solemne» —Mariano Rajoy *dixit*— se transformase en un líder. Tiempo después, Zapatero fue rescatado por Sánchez y formó con él una sociedad de recíprocas prestaciones, convirtiéndose en una referencia, turbia, eso sí, en las relaciones de España con Marruecos, Venezuela y China.

Iván Redondo, un consultor creativo pero sin experiencia administrativa —aunque fue jefe de Gabinete con categoría de consejero con el presidente popular de Extremadura, José Antonio Monago—, nunca tuvo la consistencia de Barroso. Al final, el propio Sánchez tuvo que recurrir al hábil consultor de Zapatero en el verano de 2021 para librarse del joven director de su primer Gabinete presidencial, que tuvo pretensiones ministeriales. Quizá un hombre frenó una deriva que, sin su presencia como director del Gabinete de la Presidencia con Zapatero, hubiera sido más violenta: José Enrique Serrano, fallecido en junio de 2025. Serrano había ejercido el cargo de director del Gabinete de Presidencia con Felipe González (1995-1996), y ha sido el único político con capacidad técnica que desempeñó uno de los cargos de mayor confianza, el mismo que asumió Iván Redondo entre julio de 2018 y julio de 2021.

Barroso, como el mismo Zapatero, practicó la «inmersión política», se invisibilizó en la escena pública tras la derrota de 2011. Duró poco tiempo en la Moncloa, pero no dejó de atender a su pulsión ideológica y de poder, si bien entre bambalinas, entendiéndolo más como influencia que como potestad. Los hombres de Rodríguez Zapatero —José Blanco, Antonio Hernando, Óscar López, Carmen Calvo, Margarita Robles— entraron durante largo tiempo en hibernación y salieron de ella con Pedro Sánchez, uniéndose fervorosamente a su equipo de aduladores, en convivencia con los más genuinos colaboradores del madrileño: José Luis Ábalos y Santos Cerdán, tipos que acreditan la naturaleza mendaz del líder y ofrecen la dimensión de sus proporciones éticas. Miguel Barroso estuvo también ahí, pero con discreción.

Los años de gestión de Mariano Rajoy, que ciertamente debió abordar una crisis sistémica que incluyó el rescate de las cajas de ahorro por la Unión Europea —que representaba la mitad del sector bancario español—, fueron un paréntesis entre 2011 y 2015, amargamente prolongado hasta 2018. La mayoría absoluta del Partido Popular resultó infrautilizada, rutinaria y funcionarial. Incapaz, en fin, de revertir el zapaterismo, incluso en los aspectos más cuestionables en el orden político. Es cierto que el virus de la crisis de representación ya se había inoculado en el sistema tras el movimiento del 15-M de 2011, con el que tuvo que fajarse Pérez Rubalcaba en la etapa final de la segunda legislatura de Zapatero en su condición de vicepresidente del Gobierno y ministro del Interior.

Los «indignados» lograron que arraigara en la sociedad la desconfianza en la representación democrática tradicional, motivo último, además de la ineficiencia del Gobierno de Rajoy, para que en las elecciones de 2015 el bipartidismo español naufragase. El PP pasó de 186 diputados a 123; el PSOE, de 110 a 90, y emergió Podemos con 69 escaños y Ciudadanos con 40. Todo cambió. Y cambiaría más aún con la aparición de Vox en las elecciones autonómicas andaluzas de diciembre de 2018, la extrema derecha española en sintonía con otras en Europa, pero reactiva a estímulos domésticos y, muy especialmente, al *procés* catalán. El partido presidido por Santiago Abascal quebró la unidad de la derecha que había amasado José María Aznar en 1989 y fue la herencia del desmayo gubernamental de Mariano Rajoy. Esa variable radical que es Vox se incorpora ya con fuerte presencia institucional y conexiones internacionales, y compromete la verosimilitud de que la derecha democrática pueda prescindir de su colaboración, como le ocurre al PSOE con los partidos a su izquierda y con los independentistas. La vocación mayoritaria de las dos formaciones del bipartidismo carece de certidumbre en un futuro inmediato.

Rubalcaba había sido sucedido por un joven y apuesto nuevo secretario general en el PSOE, Pedro Sánchez. También Sánchez fue parte de la herencia de un Rajoy que en su segundo mandato (2016-2018) deambuló por la política española y permitió que el *procés* catalán se desbordase y que la corrupción mellase su partido hasta la médula. El caso Montoro, en eclosión trece años después de su trayecto como ministro de Hacienda con el gallego, podría ser el epítome de una gestión del Gobierno del PP verdaderamente fracasada. La primera moción de censura de la democracia en mayo y junio de 2018 le tumbó ante su propia inanidad y la de su partido, y entregó el poder a Sánchez, apoyado por las fuerzas políticas antisistema que, favorecidas por la ruina institucional y la quiebra del bipartidismo, se dispusieron a instaurar un régimen alternativo al de la Constitución de 1978.

Desde el arranque del presente siglo hasta su primer cuarto, transcurrieron años de destrucción del sistema constitucional. La agonía de nuestra Transición comenzó el 11-M de 2004 y registró dos estertores sobrecogedores: la ya mentada abdicación punitiva de Juan Carlos I en junio de 2014, y su posterior expatriación, y la aplicación del artículo 155 de la Constitución para intervenir la autonomía catalana tras el referéndum ilegal del 1 de octubre de 2017 y la proclamación independentista. Nos fallaban la Corona y la cohesión nacional. El Rey y la unidad de España, en riesgo máximo. En ambos episodios un socialismo débil, quebradizo y sin convicciones realizó sus últimas aportaciones al compromiso histórico de 1978. La de Pérez Rubalcaba reiterando la lealtad del PSOE a la Constitución y a la monarquía parlamentaria en 2014 y la del propio Sánchez, que ordenó al grupo socialista en el Senado secundar la propuesta del Gobierno del PP para aplicar en Cataluña la coerción constitucional —el artículo 155 de la Constitución— en octubre de 2017.

Un año después, el nuevo líder del socialismo, tras derrotar a la nomenklatura de su partido en las segundas primarias a la secretaría general, tenía en sus manos a una España convertida en un campo de Agramante. Lejos de emplearse en su reconstrucción, Sánchez decidió dinamitar el sistema. Tres episodios son expresivos de esa voluntad revisionista.

En primer lugar, en octubre de 2022, la nueva ley de memoria democrática —no ya histórica— proyectó su vigencia al largo período de la historia española que va desde 1936 a 1978, pero mediante una disposición adicional y a propuesta de Bildu, se posibilitó extender sus efectos hasta diciembre de 1983, es decir, cinco años después de aprobada la Constitución, y se cubrían así catorce meses del primer año de la legislatura (1982-1986) en la que el PSOE de Felipe González obtuvo la más rotunda mayoría absoluta, 202 diputados. Con esta arbitraria acotación temporal se acogía la reclamación de los dirigentes de la coalición legataria de la banda terrorista ETA para que las medidas previstas en esta ley afectasen a los casos de asesinatos de los Grupos Antiterrorista de Liberación (GAL), tratando de cuestionar así la legitimidad democrática del Estado y el largo mandato de Felipe González.

El segundo episodio está conectado con el torticero propósito de los bildutarras. Sánchez anunció en enero de 2025 un centenar de actos antifranquistas para conmemorar «España en libertad. 50 años», retrotrayéndose a la muerte de Francisco Franco, el 20 de noviembre de 1975, como si el óbito del dictador hubiese representado el inicio de las libertades y la democracia en España que, en rigor, quedaron establecidas por la Constitución de 1978. Así, Pedro Sánchez, en una obvia maniobra deslegitimadora de la Transición, impulsaba un enorme salto atrás en la historia, opacando los logros obtenidos por la sociedad española en los tres primeros años del reinado de Juan Carlos I.

Previamente, en junio de 2024, y este es el tercer episodio, por proposición de ley de urgente tramitación, el Congreso aprobó la amnistía a los golpistas catalanes condenados por malversación y sedición —un delito que hizo desapa-

LOS AÑOS DE LA DESTRUCCIÓN 39

recer del Código Penal— en octubre de 2019. Y un año después, el 26 de junio de 2025, el Tribunal Constitucional declaraba que la medida de gracia era conforme a la Carta Magna mediante una sentencia que transformó el carácter normativo de la ley fundamental en otro abierto y declamatorio. Así se migraba de un sistema constitucional liberal a un régimen patrimonialista, dominado por el decisionismo del líder.

La combinación de la memoria democrática (e histórica), resucitar el antifranquismo y los pactos de investidura de noviembre de 2023 que impusieron la ley de amnistía culminaban los años de destrucción del pacto de la Transición. Sánchez se empleó en esa labor de piqueta porque entrevió la oportunidad de incorporarse, como otros líderes «fuertes», a la dirección de una nueva democracia autoritaria e iliberal. Sin atender a límites, convenciones o lealtades. Su trayecto político, no por casualidad, sino por causalidad, coincidió entre 2016 y 2021 con el de Donald Trump y volvió a hacerlo desde noviembre de 2024 hasta el presente. Como un eslabón más de ese linaje de personajes, y siguiendo las pautas destructivas del norteamericano, que ha destrozado el republicanismo tradicional, Sánchez se ha encargado también de interrumpir la secuencia de continuidad coherente de su propio partido.

El PSOE de Felipe González y de Alfonso Guerra no es el referente del reciente pasado del socialismo español. Lo es solo el PSOE de Rodríguez Zapatero que, en una más de sus facetas utilitarias, presta a Sánchez la legitimidad histórica que toda organización partidaria precisa cuando su fundación se remonta, como en el caso del PSOE, a 1879. Los dirigentes socialistas que disienten de Sánchez serían, en versión del ultrajante lenguaje de Óscar Puente, «resentidos», como Eduardo Madina, o «decrépitos», como González. La hostilidad con el «PSOE caoba», o el llamado «tradicional», quedó consagrada en la intervención de Pedro Sánchez el 9 de julio de 2025 en el Congreso de los Diputados, cuando refirió los casos de corrupción que afectaron a los mandatos del expresidente. Sánchez declaró que el único PSOE «limpio» había sido el de Rodríguez Zapatero y el suyo. Núñez Feijóo le espetó: «Oiga, cita usted al señor Felipe González para descalificarle. Ha venido aquí a ajustar cuentas con el señor González. Es usted cruel hasta con los suyos. ¡Pero si usted ha dicho que se afilió al Partido Socialista cuando vio entrar al señor Barrionuevo en la cárcel!».

Felipe González, presidente socialista durante trece años (1982-1996) y secretario general del partido durante treinta y tres (1974-1997), afirmó públicamente en junio de 2025 que su voto en unas próximas generales sería «en blanco» y no ya para el PSOE de Sánchez al que, incluso en abierta disidencia, dijo haber votado en los comicios de julio de 2023. La ley de amnistía y, luego, la sentencia del Tribunal Constitucional amparando su constitucionalidad, tras conocerse la negociación entre Jordi Turull, condenado por malversación, y Santos Cerdán, imputado por varios delitos de corrupción, rebasaron la paciencia del sevillano, quien no pudo reconocerse ni un día más en el «nuevo» PSOE y lo proclamó públicamente.

Su ejercicio previo de contención, sin embargo, fue enorme. Después de haber concedido a *El Confidencial*, la primera semana de noviembre de 2023, una entrevista grabada en vídeo en las dependencias de la redacción del diario —sin saber que dos días después se confirmaría el propósito gubernamental de amnistiar a los golpistas catalanes—, solicitó a través de una de sus más estrechas colaboradoras que la conversación no se publicase. Las explicaciones para justificar tan inusual cambio de criterio fueron que el expresidente estaba «en *shock*» al conocer la decisión del secretario general del PSOE y que prefería expresarse a través de una «declaración institucional». La dirección de *El Confidencial* accedió a sus deseos y la entrevista no se publicó.

Efectivamente, el 8 de noviembre, González hizo una declaración desde su fundación en la que manifestó su «vergüenza» ante la amnistía. E instó a Sánchez a convocar elecciones antes que someterse al fuero de los secesionistas. El contenido de la entrevista a *El Confidencial*, que sigue guardada como un testimonio que en su momento será histórico, era más duro, más terminante y directo que su declaración, mal hilvanada, demasiado larga y producida con una coreografía en absoluto sugestiva. El impacto de la opinión de Felipe González fue nulo en su partido y, aunque suscitó cierta expectativa en otros ámbitos, marcó para él y su entorno el hito a partir del cual el cofundador del PSOE dejó de contar para su dirigencia actual.

La herencia del socialismo felipista se aceptó por Sánchez y los suyos a beneficio de inventario y el resto quedó demolido al mismo tiempo que los compromisos del PSOE con la Transición. Así, los años de destrucción de Zapatero y de Sánchez hicieron desaparecer al PSOE histórico del presente socialista. González, como un Rodolfo Llopis redivivo, ya no asistió al XLI Congreso extraordinario de la organización en noviembre y diciembre de 2024 en Sevilla. Se cernió sobre González y su obra una neroniana *Damnatio memoriae*. Todo lo que era sólido, según rezaba el título del ensayo de Antonio Muñoz Molina, había dejado de serlo.

Quizá por la observación de estos años destructivos, Michael Reid, corresponsal en España de *The Economist* y un hispanista de hechuras, escribió en su ensayo *España* —«el libro mejor y más completo que he leído sobre la España de hoy», ha escrito Muñoz Molina— que «si la actual tendencia continúa, España se arriesga a sufrir una desintegración progresiva por falta de aglutinante». «Va siendo hora —continúa— de que se haga valer el todo, además (y no en vez) de las partes».

El historiador donostiarra Juan Pablo Fusi, uno de los mejores conocedores del franquismo, declaró el 8 de agosto de 2023 en *El Diario Vasco* de San Sebastián que sentía todo lo que venía ocurriendo «como la derrota de mi generación». El catedrático, que tenía entonces setenta y ocho años, pertenece a una saga de intelectuales comprometida con la democracia y su trayectoria académica ha dejado una larga lista de ensayos y relatos imprescindibles para la comprensión de nuestra historia contemporánea. Desde esa atalaya, Fusi formuló una enmienda a la totalidad al precursor de Sánchez:

> Detrás de la política de bloques late una visión perversa de la política, de la democracia como sistema: la aspiración de excluir al otro bloque —en el caso de España, al bloque de la derecha— del arco mismo de la democracia. Esa fue la idea de Zapatero, a quien se asoció ya con la postransición: democracia igual a izquierda y nacionalismos, idea que desde el entorno de Zapatero se pretendió vincular falsamente con el azañismo y el republicanismo cívico. Y digo falsamente porque Azaña fue, en sus propias palabras, español por los cuatro costados y no aceptaba más soberanía que la española.

Otro autor, Ramón González Férriz, ha aportado en un ensayo, publicado originalmente en 2021, pero revisado y reeditado en 2024, una perspectiva generacional de estos tiempos de demolición. *La ruptura*, como se titula el relato, es, sin duda, la breve, directa y lúcida descripción del «fracaso de una (re)generación», la del autor, nacido en Granollers en 1977 y uno de los representantes más genuinos de un numeroso grupo de cuarentones —autodenominado «Cachopos»— que, antes de 2018, se sentía cohesionado por las ideas socialdemócratas, abiertas y desprejuiciadas, y que tomaron caminos distintos tras la fulminante caída del Gobierno de Rajoy y la presidencia de Pedro Sánchez.

González Férriz lo sintetiza así:

La ruptura se produjo, en cambio, cuando el PSOE llegó al poder sin la ayuda de Ciudadanos, en la moción de censura de la primavera de 2018. Una parte relevante de los miembros de ese grupo informal no solo celebró que el PSOE volviera al poder, sino que muchos de ellos se incorporaron al Gobierno con cargos en la Moncloa o en distintos ministerios. Otra parte relevante de ese grupo informal no solo lamentó que el PSOE llegara al poder gracias al apoyo de partidos nacionalistas e independentistas vascos y catalanes, además de Unidas Podemos, sino que estaba convencida de que esos puestos podrían haber sido suyos. Que unos tuvieran el poder y otros no o, en general, que unos estuvieran cerca de él y otros no provocó un tribalismo general que nadie habría creído solo unos meses antes. Todo se volvió posicional.

Este posicionamiento, pronto transformado en un enfrentamiento con aristas de ferocidad, se registró no solo en las generaciones centrales de la ciudadanía que describe González Férriz, sino que se extendió también con una morbilidad pandémica a todas las demás y alcanzó su clímax con el discurso de investidura de Sánchez en noviembre de 2023, en el que anunció su propósito de alzar un «muro» entre españoles. Y el haberlo erigido ha sido el solitario criterio del que el presidente no se ha apeado. Su desdichada creación ha sido el régimen del muro. Otra vez, España contra España.

2

PEDRO SÁNCHEZ, UN RETRATO

«Uno de los rasgos más singulares de las personalidades histéricas o con tintes histéricos es su capacidad para mentir asombrosamente bien, pero no solo a los demás, sino también a sí mismas. Lo que quieren que sea verdad se convierte para ellas en verdad, y, por lo tanto, mienten de la manera más peligrosa: con absoluta sinceridad».

De las muchas descripciones que se escuchan y se escriben sobre la personalidad de Pedro Sánchez una me llamó la atención por su simplicidad y agudeza: es «una persona circular porque todo empieza y acaba en él». La circularidad del líder socialista ha dado pie a una catarata de diagnósticos sobre su eventual padecimiento de un trastorno sicológico. Las enfermedades del poder, previas a ejercerlo o adquiridas durante su desempeño, son un clásico de la literatura política y raro es el dirigente relevante en la historia que no ha sido escrutado desde la sicología e, incluso, la siquiatría, para tratar de explicarlo en la complejidad de sus decisiones y en la excentricidad de sus comportamientos.

Es un tópico remitirse al síndrome de hubris como la «enfermedad del poder», que de forma tan pionera y didáctica diagnosticó el siquiatra y político británico David Owen. Gracias a su tesis se explica de qué manera el ejercicio del mando político choca con el principio de realidad en quienes lo ejercen en una situación histórica compleja y difícil, y de aquellos otros que rompen los esquemas convencionales atribuyéndose propósitos mesiánicos, todo debido a una borrachera enfermiza de poder que les impulsa a ejercerlo desordenadamente. El primero de sus libros data de los años setenta del siglo pasado, y la descripción de lo que él denomina «síndrome de la arrogancia» —sobre Blair y Bush— se publicó en 2007. La lectura de estos ensayos de Owen resulta inquietante, pero ha aportado conocimientos útiles a las sociedades democráticas para entender el porqué de decisiones políticas que han marcado hitos o situaciones extraordinarias. Y ha descubierto que, tras la apariencia segura y contundente de líderes y lideresas, se localizaba una enorme debilidad que se compensaba de manera enfermiza.

Los rasgos de la personalidad del presidente del Gobierno, Pedro Sánchez, se han tratado de catalogar como los propios de una patología sicótica y narcisista —descritas por Owen— y que explicarían conductas en las que no se detectan síntomas de cautela, prudencia e, incluso, de pudor. Y en las que, por el contrario, aparecen otros de temeridad, audacia, «cambios de opinión» —falsedades—, que el personaje metaboliza sin indigestión mínima aparente, transmitiendo la sensación de que él nunca se equivoca, de que es incombustible y de que su dureza es diamantina. Se ha creado así una cierta leyenda de invulnerabilidad que es la que aglutina en su entorno —increíblemente para grandes sectores de la sociedad española— a gentes que parecen sacrificar su reputación, incluso su futuro, mostrando una fidelidad perruna a su jefe. Arturo Pérez-Reverte es el observador que ha ahondado en la personalidad de Sánchez como el «gran malo» de la política española. En 2020 dio su opinión al respecto en una entrevista televisiva: «Sánchez es un *killer*, los ha matado a todos, y a los que no ha matado, los va a matar».

Alex Honnold fue en su momento un escalador libre que desafió todos los peligros en impresionantes ascensos. Sorprendidos médicos y científicos sometieron al deportista a un estudio neurológico, comprobando mediante imagen que «la amígdala cerebral de ese chico no funcionaba». En la resonancia magnética se observó que Honnold disponía de un cerebro completamente normal, que su amígdala también lo era, pero que, siendo la zona de acumulación de sensaciones de temor, miedo, angustia, no vibraba. Descubrieron, en fin, que el «centro del miedo» cerebral respondía impávidamente a las imágenes que en otro deportista de su especialidad bullía y se activaba ante los estímulos amenazantes. La más importante conclusión a la que se llegó fue que «el cerebro de Alex Honnold es un desafío difícil de entender para los científicos, igual que su actividad como escalador es también un reto difícil de comprender para los aficionados al alpinismo». Honnold es un tipo normal en todo menos en la extraña inmunización al miedo. Pedro Sánchez ha demostrado que su forma de actuar se debe analizar desde las teorías empíricas de David Owen —los síndromes de hubris y de arrogancia—, pero también desde la experiencia neurológica que deparó el estudio sobre el escalador Honnold. Porque tampoco parece tener miedo.

En ese cruce de variables diagnósticas, no certificadas pero tan obvias, quizá pueda comprenderse la irrealidad en la que se mueve, en cómo convierte sin rebozo a su imputada esposa en una lideresa aclamada por los delegados del PSOE en el XLI Congreso del partido, en cómo refuerza a los más débiles en su organización para que sigan inmolándose por su causa; en cómo transforma la Moncloa en un fortín de fieles y Ferraz en la sede real del Gobierno; en cómo exige la remisión de esos argumentarios tan lamentables que, sin embargo, los portavoces socialistas y gubernamentales repiten en una cacofonía pública ensordecedora; en cómo afronta el proceso judicial a su mujer; en cómo destroza a sus socios de coalición; en cómo engaña a los nacionalistas e independentistas y, en fin, en cómo desconcierta a la oposición, que no es capaz de tomarle la medida.

La gran cuestión consiste en que quien no experimenta el miedo no debe superarlo, y, por lo tanto, no es valiente. Solo delata la baja emocionalidad de Sánchez su expresión gestual y verbal.

Es convincente cuando se conduce agresivo, pero en absoluto cuando lo intenta compungidamente. Sánchez es un Sánchez reconocible cuando se ríe a carcajadas en la tribuna del Congreso del jefe de la oposición en la sesión de investidura, cuando le dice a la Generalitat de Valencia, en plena tragedia, que «si quieren ayuda, que la pidan»; cuando, después de los hechos del 3 de noviembre en Paiporta, sus primeras palabras son: «Estoy bien», o cuando recibe al Rey en Alcalá de Henares con las manos en los bolsillos, barriobajeramente. Regresa a su autopercepción, como si de un dato relevante se tratara, cuando en plena rueda de prensa, se dirige a los periodistas y les espeta: «Son las cinco y no he comido», o cuando, en la peligrosa marejada de escándalos, afirma: «Estoy fuerte, estoy bien».

El denominado «síndrome de la Moncloa» ha sido un estigma de cuño doméstico que ha terminado por alcanzar a todos los presidentes de los gobiernos de la democracia. Con la salvedad de Leopoldo Calvo-Sotelo, que apenas ocupó el cargo año y medio (1981-1982), fueron atrapados por ese síndrome Adolfo Suárez, Felipe González, José María Aznar y José Luis Rodríguez Zapatero. Curiosamente, el menos afectado por la sintomatología de esa patología fue Mariano Rajoy que, cachazudo, bienhumorado, funcionarial y tendente al reduccionismo de los problemas —que él ha considerado siempre «un lío»—, dejó el poder con una mansedumbre pasmosa. Mientras se debatía la moción de censura en su contra en el Congreso de los Diputados, en

mayo y junio de 2018, el popular se retiró a un estableci-
miento cercano a esperar acontecimientos entre copa y copa. Pareció más aliviado que contrito cuando Sánchez le
arrebató la presidencia aduciendo su connivencia con la corrupción en el PP en unos términos vejatorios que, historias
de la historia, profirió desde la tribuna José Luis Ábalos, a la
sazón mano derecha de Pedro Sánchez como secretario de
organización del PSOE.

La lectura de libros de memorias de los distintos presidentes —no de todos— o de testimonios de las circunstancias de sus mandatos sirve para perfilar *a posteriori* un
retrato de cada uno de ellos. Ninguno, sin embargo, ha
aportado en esos relatos datos decisivos que hayan alterado
el rigor canónico con el que se ha contado la reciente historia de España. Y ninguno tampoco, salvo Pedro Sánchez,
se permitió la imprudencia de dictar dos textos sobre su
persona sentado todavía en el despacho presidencial de la
Moncloa. Militante en las teorías de la comunicación más
agresivas, aquellas que entienden la política justamente como comunicación, Pedro Sánchez dictó en 2019, recién llegado al poder, su *Manual de resistencia* a una, inicialmente,
extraña colaboradora: Irene Lozano. Luego, en 2023, repitió
con *Tierra firme*.

La filóloga Lozano, madrileña y coetánea de Sánchez,
ella nacida en Madrid en 1971 y él en 1972, es uno de los
casos más significativos de deslizamiento ideológico. Autora
de un ensayo de referencia, *Lenguas en guerra*, fue también

una de las mujeres de confianza de Rosa Díez en su efímero partido Unión, Progreso y Democracia, que se extinguió en diciembre de 2020. Lozano fue diputada por UPyD entre 2011 y 2015, y en esa formación despuntó por su solvencia y buenas maneras parlamentarias. Pero tras intentar primero liderar el partido y luego ingresar en Ciudadanos, sin lograr ni lo uno ni lo otro, reapareció como independiente en las listas del PSOE en los comicios de 2015. Tampoco cuajó en el socialismo, pero no se desenganchó de la política. Fue designada secretaria de Estado de España Global, luego presidenta del Centro Superior de Deportes y recaló, por fin, en la dirección de Casa Árabe.

Desafortunadamente para ella, su presencia en la actividad política no será recordada por sus gestiones en esos cargos, sino por haber sido la amanuense de Pedro Sánchez, que le confió la redacción de sus dos folletos. Irene Lozano es una buena escritora, y lo es, además, tanto de periódicos como en el género del ensayo. Firmó excelentes piezas de opinión y análisis de calidad en *ABC* mientras lo dirigí. Es de lamentar, sin embargo, que Lozano no se haya respetado a sí misma, no tanto por convertirse en relatora de la verborrea de Sánchez cuanto por el anonimato de su labor —seguramente, obligado—, sobre la que no ha recibido ni siquiera el agradecimiento público del presidente del Gobierno. Le fue permitido, no obstante, desvelarse como la escribidora de Sánchez en una entrevista en *El País*, pero a toro pasado, en enero de 2024.

Lozano no presentó ninguno de los dos libros. El primero, *Manual de resistencia*, lo introdujeron con Sánchez Mercedes Milá y Jesús Calleja, y el segundo, *Tierra firme*, Jorge Javier Vázquez y Ángeles Caballero, de menor nivel que la pareja precedente. Bastan esas compañías para detectar la intencionalidad de los libritos: la propagandística. En beneficio de Irene Lozano hay que subrayar que, a pesar del propósito folletinesco de sus textos, transcribió las conversaciones con Pedro Sánchez con cierto vuelo literario, llevando a hombros al personaje, que siempre ha encontrado *sherpas* para sus travesías.

Las críticas fueron feroces —«libro propio de una estrella de la tele»; «como un libro de Clark Kent contando a Superman»; «flipante»; «una auto sublimación»; «manual de belleza y ego»—. Amazon tuvo que cerrar el foro de comentarios al libro ante el cariz de las opiniones que, frecuentemente, resultaban injuriosas. Además, sus dos libros fueron respondidos por una andanada de ensayos y relatos con títulos tan combativos como *El gran impostor*; *Caudillo Sánchez: en el lugar de la historia que le corresponde*; *Pedro Sánchez, historia de una ambición*; *2018-2023. Los peores años de nuestra historia, ¿o no?*; *Pedro Sánchez y el síndrome de Narciso*; *El suicidio de España. La autocracia de Pedro Sánchez*; *Pedro Sánchez o la pasión por sí mismo*, y *El número 1. Sánchez y el desafío totalitario a la democracia española*.

Entre los textos laudatorios destaca, por el arrobo que sugiere a su autor la figura de Sánchez, el de José Félix Tezanos, sociólogo y presidente del Centro Investigaciones Sociológicas (CIS): *Pedro Sánchez. Había partido: de las primarias a la Moncloa* es un relato ditirámbico y admirativo hasta lo irracional que explica el sectarismo del autor en el ejercicio de sus responsabilidades en el CIS, un organismo autónomo, adscrito a la presidencia del Gobierno, encargado, entre otros menesteres, de la elaboración de sondeos preelectorales que, desde 2018 hasta el presente, se emplean como instrumentos performativos con un sesgo izquierdista tan equivocado como persistentemente impugnado por la comunidad de los denominados «científicos sociales». Tezanos es una de las figuras más patéticas del sanchismo.

Se han escrito ya todas las exégesis posibles sobre las interioridades de los dos libros de Irene Lozano. No hay en sus relatos ni un solo indicio que no refuerce el diagnóstico sobre la personalidad circular del presidente. Efectivamente, todo comienza y termina en él y de un modo total. El egotismo que desprenden el manual conforme al que Sánchez aduce «resistir» y la descripción de las razones por las que conduce a España a «tierra firme» solo confirma las más hondas preocupaciones sobre los rasgos de carácter y temperamentales que definen a un hombre con un umbral emocional ínfimo, pero dueño, eso sí, de un feroz instinto de poder. La combinación de esos rasgos explica su registro actoral. Puede parecer concesivo a veces, otras exigente y duro, en ocasiones altivo y otras compungido.

La conclusión es que la verdad —al menos en términos relativos— es para Pedro Sánchez una mera opinión. Su escasez moral le permite conducirse con naturalidad en la contradicción sobre sus propias palabras, cuyo valor es tan contingente como lo sean sus necesidades para mantenerse en el poder y dominar su partido. La creación de ficciones es el resultado de la ideación de sus planes para permanecer en la Moncloa.

José Luis Álvarez, sociólogo y docente en la escuela de negocios francesa INSEAD, ha sido uno de los pocos académicos que se han empleado en el análisis de «las claves» del liderazgo de los presidentes españoles de la democracia y de su «estilo de gobierno». Lo ha hecho en dos ediciones —la segunda incluyendo a Pedro Sánchez— de su libro *Los presidentes españoles*. De este advierte que «no incorpora el elemento emocional a sus tareas de comunicación o a ninguna otra. Hay algo metálico —dice—, en exceso neutral, en su declamación: parece que puede decir una cosa y su contraria con el mismo tono de voz. Es el más profesional de los presidentes en el sentido de ser un funcionario de la política, desprovisto de emociones».

Álvarez formula una crítica sagaz: «Pedro Sánchez se conoce bien y sabe que su fuente de poder no es el carisma, sino su demostrada capacidad de alinear su posicionamiento con las necesidades de las situaciones a que se enfrenta. Es sintomático al respecto el título de *Manual de resistencia*; a los carismáticos no les hace falta resistir, se imponen naturalmente. En cambio, las políticas de resistencia son meramente reactivas, defensivas, de supervivencia». Y en páginas posteriores, insiste: «A Sánchez no le cuesta emocionalmente la política, pero tampoco le proporciona placer: por su narcisismo, lo que disfruta es resistir… y desmentir expectativas». Por fin, el sociólogo sentencia que «Pedro Sánchez no pertenece a las élites jurídicas o económicas. De hecho, no pertenece de origen a ninguna élite. Es un desclasado… que quiere ser más que el presidente del Gobierno de España».

Quizá merezca una puntualización la categorización de Pedro Sánchez como «desclasado». A diferencia de su mujer, el presidente viene de una familia de clase media. Su padre, Pedro Sánchez Fernández, desempeñó durante años la gerencia del Instituto Nacional de Artes Escénicas y de la Música (INAEM) y se dedicó luego a la gestión empresarial. Su madre, Magdalena Pérez-Castejón, fue funcionaria de la Seguridad Social, obtuvo la licenciatura en Derecho y se colegió como abogada. El matrimonio se encargó de que sus dos hijos, Pedro y David, se formasen en centros de calidad. Pedro estudió en el Colegio Santa Cristina de Chamartín y en el Instituto Ramiro de Maeztu. Luego cursó estudios universitarios que, sin particular brillantez, le capacitaron para trabajar en Bruselas con Bárbara Dührkop y Carlos Westendorp. Por su parte, David Sánchez, además de estudios en economía, se dedicó profesionalmente al mundo de la música, no sin antes pasar por un centro educativo de Portland, en Estados Unidos. Pedro Sánchez y Begoña Gómez instalaron su domicilio en una vivienda de Pozuelo de Alarcón y son padres de dos hijas, Ainhoa y Carlota, cuya intimidad han preservado con celo. La propiedad del piso familiar es de Begoña Gómez, que también adquirió a su nombre un apartamento en Mojácar. En el pleno del 9 de julio de 2025, en el que Sánchez compareció para dar explicaciones sobre los casos de corrupción de Cerdán y Ábalos, y tras un ataque abrasivo contra el presidente del PP, Núñez Feijoo le replicó recordándole los negocios de su suegro. Le dijo desde la tribuna: «¿Pero con quién está viviendo usted? ¿Pero de qué prostíbulos ha vivido usted? Partícipe a título lucrativo del abominable negocio de la prostitución. Y ahora quiere usted ilegalizar su biografía. No se compare conmigo». Se refería el popular al negocio de las saunas y burdeles del padre de su mujer que, con sus beneficios, habrían hecho posible la adquisición de los varios inmuebles. Esta circunstancia sería contradictoria con el propósito de Sánchez, expresado en el Comité Federal del anterior 5 de julio, de expulsar a los militantes que paguen por sexo y, también, con el proyecto de declarar por ley la prohibición de la prostitución. La polémica, de una calidad estética y ética dudosísima, se adueñó de los medios y de las redes sociales en los siguientes meses. Hizo daño a la imagen de Sánchez, que jamás debió desmesurar sus ataques personales al líder de la oposición, quien, previamente, había asegurado que no utilizaría argumentos familiares contra el presidente del Gobierno. Su paciencia se colmó y comenzó lo que se denominó la «dialéctica sin piedad». En ella seguimos.

Hechas las consideraciones anteriores, hay que subrayar que el aparato funcionarial y administrativo al servicio de Sánchez es el de mayor envergadura de todas las presidencias del Gobierno. Síntoma megalómano. Ningún presidente, además, ha utilizado primero y fulminado después a tantos responsables de su Gabinete. Iván Redondo fue el primero y, a buen seguro, el que le aportó una feraz creatividad para orlarle con atributos excepcionales. Desde luego, el concepto de la resistencia que mantiene Sánchez, y que se consagró casi legendariamente con el primero de sus libros, lleva el marchamo de Redondo, de la misma manera que la profusión de engaños, falsedades y mendacidades en los que ha ido amparándose su decadencia aparenta la influencia de Diego Rubio, doctorado por Oxford con una tesis titulada *The Ethics of Deception* (*La ética del engaño*). Entre Redondo y Garrido ofició en el cargo de director de su Gabinete Óscar López, uno de los personajes más inútiles de la política española y, al tiempo y quizá por ello, más tornadizo en sus adhesiones.

Las vibraciones que transmite Pedro Sánchez son intimidantes para su entorno más inmediato, contagian a su propio círculo y así hasta la totalidad del entramado gubernamental y de la organización socialista. El temor es el excipiente del sanchismo, que consiste en la adhesión a Pedro y en el miedo a Sánchez, en términos que ya analicé retrospectivamente, remontándome a cuando Alfredo Pérez Rubalcaba dejó la secretaría general del PSOE (2014) y el partido se les fue de las manos a los grandes dirigentes socialistas de la Transición.

En feliz metáfora de Ignacio Varela, Sánchez practicó sobre la organización una taxidermia que la ha convertido en una carcasa de la que se vale para el ejercicio personalista, despótico y desregulado del poder. Han tenido que ser los compañeros de fatigas del presidente, sus fieles escuderos, presuntos corruptos del peor estilo, Ábalos y Cerdán, los que hayan desvelado la idiosincrasia del verdadero personaje que habita en la Moncloa. Es ese que, con el descaro propio de los que se creen impunes e inmunes, traslada sus mensajes a su servicial Ábalos con descalificaciones, insultos, órdenes intrusivas, sospechosas ocupaciones y preocupaciones y mandatos de dudosa eticidad democrática.

Estos mensajes telefónicos corroboran una trayectoria democráticamente desquiciada del personaje, acosado por las conductas de sus familiares y de los que fueron sus más próximos colaboradores. Y que acreditan un Sánchez verdaderamente desolador. Las conductas del presidente, las notorias y las que se han ido desvelando, terminan por culminar el largo proceso de conocimiento de su auténtica personalidad. Si, como refirió George-Louis Leclerc, conde de Buffon (1707-1788), en su discurso de ingreso en la Academia Francesa, «el estilo es el hombre», el de Sánchez es zafio. Y lo que tiene alarmados a los cuadros del partido, y a más de media docena de ministros, es también su estilo desleal con sus colaboradores, que han pasado de la adhesión al miedo. Muchos de ellos, perdida la dignidad, quemados los barcos de su reputación y sin vuelta atrás, están pendientes de aparecer en esos recados a Ábalos, víctimas de la iracundia del presidente o de su prepotencia.

Nadie está ya en la clave de Pedro, el admirable y renovador socialdemócrata, sino en la de Sánchez, avieso, vengativo, injurioso. Unos atributos que se comprimieron en la tabernaria expresión de su jabalí parlamentario y trol de choque, Óscar Puente: Sánchez sería el «puto amo». La detonación del sintagma fue mediáticamente muy útil y trabajó el inconsciente de sumisión que, poco a poco, se había instalado en el partido. Más adelante, en plena crisis existencial socialista por la prisión preventiva de Santos Cerdán, y en la ya célebre sesión del Comité Federal del 5 de julio de 2025, el propio Sánchez se rotuló como «el capitán» de un barco —el PSOE— que él no abandonaría cuando la tempestad amenazaba el naufragio del buque. La metáfora —de acento castrense— pareció la apropiada para enfrentarse a la época más bélica de la XV legislatura.

El escáner del personaje, a pesar de todo, lo facilitó él mismo con una autenticidad directamente proporcional a su propósito de simulación. En la «carta a la ciudadanía» de abril de 2024, Sánchez, quizá presionado por la necesidad de ofrecer una perentoria prueba del «profundo enamoramiento» que sentía por su mujer, Begoña Gómez, ideó una comedia de graves consecuencias. El escrito, que colgó en las redes sociales sin membrete y sin firma, mejorable en la sintaxis, repleto de cacofonías y reiteraciones cansinas a «la derecha y la ultraderecha», dice preguntarse si, tras el inicio de la investigación penal a su esposa por presuntos delitos de tráfico de influencias y corrupción en los negocios, le «merece la pena» seguir al frente del Gobierno ante la operación de «acoso y derribo» a la que ella, por su condición conyugal —y solo por esa razón—, y él, como trofeo último de la supuesta cacería, están siendo sometidos.

Tras poner en circulación la atribución a la «máquina del fango» de todos los males y reivindicar el progresismo de su gobierno y confesar que no tiene «apego» al poder, Pedro Sánchez comunicó que su retiro era para «parar y reflexionar». Canceló su agenda hasta el día 29 de abril de 2024, adelantando que comparecería ante los medios de comunicación para dar «a conocer mi decisión». La estratagema funcionó inicialmente. El PSOE entró en pánico, que era exactamente lo que pretendía que sucediera su secretario general, aunque las reacciones de apoyo popular fueron decepcionantes. Sus ministros —el patetismo de María Jesús Montero, agitada y próxima a la histeria, quedará en las hemerotecas como un episodio lamentable— cumplieron su misión de infantería. Entre tanto, las especulaciones del más variado género circularon con profusión. Poco a poco cuajó la imagen de un hombre víctima; de una familia, la suya, acosada; de una mujer, Begoña Gómez, inquisitorialmente investigada.

A la jugada le faltaba el remate. Sobre las 9 horas de la mañana del lunes 29 de abril de 2024 Pedro Sánchez salió de la Moncloa en dirección a la Zarzuela. Nadie en la Casa del Rey le preguntó por qué y para qué el presidente del Gobierno —que no se había desplazado hasta la sede de la jefatura del Estado para comunicar al Rey su inédita decisión de suspender su agenda durante cinco días— deseaba verse con don Felipe. Se suponía que la única razón de esa audiencia consistía en presentarle su renuncia. En absoluto. La *performance* buscaba alargar hasta el último minuto la ansiedad de los suyos y la expectación de los adversarios. Si había que utilizar la figura del rey —no fue la primera vez y no sería la última que lo hiciera—, se utilizaba sin mayores obstáculos. No hubo decisión porque nunca se planteó abandonar el cargo: él seguía con redobladas energías en la presidencia del Gobierno, pero con una estrategia de confrontación virulenta y total contra los jueces y tribunales, y contra los medios de comunicación que habían informado de las andanzas petitorias de Begoña Gómez en varias empresas.

Más tarde, en sede parlamentaria, amenazó con un «plan de acción» para la democracia que pasaba por medidas que —como más adelante se describirá— trasformaban el sistema constitucional en un régimen patrimonialista en el mejor estilo del trumpismo, aunque en su antagónica versión «progresista». La emotividad de las bases socialistas alcanzó niveles taquicárdicos y el grado de confrontación estimulado por el Gobierno, el PSOE y el resto de la izquierda no tuvo nada que envidiar al caraqueño. La excentricidad política —que llamó la atención de la prensa internacional— perdió dinamismo y energía a medida que, tras la investigación penal a Begoña Gómez, siguió la iniciada en Badajoz a su hermano David. La sombra de la sospecha sobre la corrupción de José Luis Ábalos empezaba también a oscurecer la luminosidad exitosa de la operación populista.

Sánchez no calculó las consecuencias adversas de su maniobra. La principal resultó que el escrutinio sobre las actividades particulares de su mujer tomó carta de naturaleza y se esparció en los medios nacionales, que no habían atendido ese asunto por servilismo, al tiempo que la prensa internacional se hacía eco de la reacción del presidente, pero también de los motivos de su retiro, fijando el foco sobre Begoña Gómez. La movilización de grupos de periodistas adictos contra sus compañeros de los medios críticos con el Gobierno fisuró la cohesión, ya precaria, de la profesión, que entró en una dinámica sectaria por momentos insoportable.

Se desataron lenguas y teclados de ordenadores. Los negocios, no precisamente reputacionales, de la familia Gómez salieron a relucir. Lo hicieron también los complejos de la esposa del presidente, frustrada por su limitada formación profesional que le hacía inidónea para desarrollar funciones docentes en centros privados y públicos a los que accedió con ventajismo. Todo comenzó a torcerse y, al cabo de un par de meses, el panorama pintó distinto. Lo que se creyó en la Moncloa un punto de fuga —el teatrillo del retiro abrileño— se fue convirtiendo en la expresión de la debilidad de Sánchez, personal, política y, quizá, familiar. El personaje se agrió. La bursitis le aumentó sus facciones contraídas. La falsa serenidad se rompía ante cualquier contratiempo. Los gritos, las discusiones, incluso los improperios que se escuchaban en la Moncloa trascendían.

Desde aquel mes de abril, los signos de deterioro político de Pedro Sánchez comenzaron a reflejarse en su aspecto físico. Él lo ha cuidado como un activo político coherente con el lenguaje de la comunicación que conjuga en diferentes formatos. De ahí que se haya sometido a retoques estéticos para tensar la piel del rostro y suprimir sus abundantes cráteres epidérmicos, rastro indudable de un agresivo anterior acné. Desde que Pedro Almodóvar se refiriese al presidente como *mister handsome* («el señor guapo») bulleron los comentarios y el debate en torno a la belleza del personaje como un componente adicional a su atractivo político. El director manchego no fue el primero que se refirió al físico del socialista. Mucho antes, en junio de 2018, recién llegado a la Moncloa, Iván Redondo posteó cuatro planos de las manos de Sánchez con este mensaje: «Las manos marcan la determinación del presidente». Sánchez las cuida con un esmero especial, persuadido de su significación, sea esta la que fuera según tesis diversas, creíbles unas, excéntricas otras.

Hace lo mismo con sus apariciones públicas. Utiliza el maquillaje a modo de máscara. Le iluminan el rostro para transmitir buenas nuevas y se lo apagan cuando el mensaje es el contrario. Establece entre el tono del color del rostro y el gesto la representación cuyo guion le han escrito. Y está cómodo en esas apariciones en las que no comparte cámara y es el único en el escenario. Su mayor éxito televisivo se consumó en solo diez minutos de entrevista en el programa *Morning Joe* de la MSNBC norteamericana, en julio de 2021. *La Vanguardia* recogió las reacciones a esa conversación televisiva con un titular inequívoco: «Estados Unidos se rinde ante la belleza de Pedro Sánchez, parece Superman».

El personaje, sin embargo, ha tirado demasiado de sus atributos, entre ellos, la soltura autocomplaciente en constante apariciones públicas. Fueron reiteradas durante la pandemia, evocando las disertaciones bolivarianas, con discursos indigestos entrelazando lugares comunes y esa suerte de neolenguaje hueco que pretende transmitir sinceridad y empatía, objetivos nunca logrados por un Sánchez siempre ataviado en dos versiones: con trajes de corte *slim* de pata corta y estrecha, solapas reducidas y tonos azules, preferentemente, o con cazadoras y vaqueros en los mítines y recorridos informales.

Muy pendiente de su esbeltez, come austeramente y hace ejercicio frecuente. Se cubre las canas sin estridencias de tintes azabaches y cuida el corte de su pelo, apenas sin patillas. El resultado no siempre es elegante, ni mucho menos prescriptor, y resulta ligeramente hortera no solo por la indumentaria, sino también por el añadido a tanto atildamiento de unos andares en los que adelanta las caderas al tiempo que el tronco se bambolea en el paseíllo. Y la sonrisa, de serie. Una de las consignas de los terapeutas de la imagen es que los miembros del Gobierno y los dirigentes del partido han de aparecer siempre sonriendo, incluso cuando el agobio de los problemas y reveses invita a la seriedad. Sonreír, incluso reír, hasta carcajear. Porque el rostro es el espejo del alma y el progresismo ha de expresarse de continuo optimista, fresco y vivaz.

Ninguno de estos detalles es trivial en su consideración ni en la de los que le aconsejan. Por el contrario, forman parte de la proyección completa de un personaje que, infectado de narcisismo, no se permite descuido estético alguno. No es difícil suponer que la personalidad de Pedro Sánchez, por inusual, incluso entre la clase política con más altas responsabilidades, es lunática o venática y, por lo tanto, peligrosa.

El retrato del temperamento de Pedro Sánchez, que no hay que confundir con el carácter, resulta inquietante por su previsibilidad imprevisible, por la circularidad egolátrica con la que toma las decisiones —primero él y después él— y por su consecuente inadaptación a los cánones y convenciones de la gestión política. La saga de dirigentes de esa estirpe es cada vez más amplia y aceptada. Su patrón de comportamiento con mayor o menor estridencia es similar y remite a un entendimiento de la gestión política sin referencias normativas, plagada de falsedades y engaños, acompañada por personajes mediocres en los que se busca la docilidad y no la capacidad, y que se desenvuelve con la retórica de un neolenguaje de semántica escasa pero efectista. Esos líderes, y Sánchez entre ellos, solo se activan en la confrontación, la excepcionalidad, el antagonismo y la hostilidad. Son esos hombres a los que Laín Entralgo denominó «hereticales», más abundantes en nuestra historia que los «pontificales». Cierto es que son tipos que destruyen, pero que, al mismo tiempo, se destruyen.

La imagen comparada del Pedro Sánchez de 2018 con la del Pedro Sánchez de la crisis del verano de 2025 presenta diferencias abismales, con un deterioro físico que transparenta una tensión interior en la que se intuye más rabia que autocontrol, más rencor que responsabilidad. El Sánchez que pedía perdón un lunes por las fechorías de sus exsecretarios de Organización en el PSOE nada tuvo que ver con el desafiante del jueves posterior que se sacudía culpas y las transfería indecorosamente. Tampoco, en fin, el Sánchez que firma y calla en La Haya el compromiso financiero para el rearme de la OTAN —ante un Trump al que no saluda, ni es saludado por él— emparenta con el que, luego, se desdice de lo suscrito. Pero ese Sánchez de muestrario es el verdadero, es decir, el que siempre deambula entre la falsedad y el engaño.

3

LA CONSTRUCCIÓN
DEL SANCHISMO

«La historia es siempre injusta con los vencidos. No tiene predilección por los moderados, mediadores y reconciliadores ni por los defensores de la humanidad. Sus favoritos son los entusiastas, los acalorados, los aventureros sin freno del pensamiento a la acción».

«Asusta descubrir que, al contrario de lo que imaginábamos, los sucesos se desarrollaron de manera banal, en un ambiente no muy diferente de la prosaica actualidad: a través de una interminable serie de elecciones, culminada en 1933». Así advierte el periodista alemán, de origen turco y familia judía, Siegmund Ginzberg sobre el advenimiento de una catástrofe democrática en un ensayo titulado *Síndrome 1933*. Publicado en nuestro país —con un prólogo para españoles— en octubre de 2024, fue devorado por politólogos, académicos, políticos y periodistas. En España impactó el texto porque se entendió, y efectivamente esa era la intención de su autor, como la proyección sobre la Europa de las democracias liberales del siglo XXI de la amenaza que los alemanes no supieron intuir mientras estuvo vigente la Constitución de Weimar, aprobada en 1919, inmediatamente después de terminada la Gran Guerra.

Hitler alcanzó el poder en 1933 al amparo de ese texto constitucional y, ya desde dentro del sistema, lo destruyó y erigió el régimen nacionalsocialista. Ginzberg desgrana los acontecimientos previos a la hegemonía del nazismo y, aunque avisa de que «las analogías son un terreno resbaladizo», afirma que sirven también «para entender el mundo». El autor está describiendo en elipsis el mayor peligro al que se enfrentan las democracias liberales: no su explosión, sino su implosión. En la Alemania previa al hitlerismo, los germanos votaron en sucesivas elecciones ofreciendo la apariencia de que bastaba hacerlo para acreditar la naturaleza democrática de su modelo político. No fue así; nunca ha sido así.

La Constitución de Weimar fue, ciertamente, una Carta Magna adelantada a su propio tiempo en cuanto a su parlamentarismo, garantías, libertades e institucionalización. Escribe Javier Tajadura, catedrático de Derecho Constitucional, especialista en la exégesis de la Constitución de Weimar, que de aquella experiencia alemana cabe una lección: «La fragilidad de la democracia», porque «la Constitución raras veces es responsable del fracaso de un sistema político. Ocurre, al contrario, y Weimar no es una excepción, que el fracaso del sistema político es el que determina la destrucción de la Constitución». Tajadura recupera en su trabajo *La República de Weimar: Constitución y contexto* la reflexión del polifacético pensador de la época Karl Bühler, según la cual aquella Constitución estuvo «edificada en exceso sobre premisas ideales y [contaba] demasiado poco con factores reales de la vida política […], muchas de sus disposiciones [presuponían] una dosis de buen sentido, de colaboración de todos en el Estado, que luego, en realidad, se [demostraría] que desgraciadamente no existía».

Lo que ha ocurrido en España durante el mandato de Pedro Sánchez, en cuanto a la vigencia real de la Constitución de 1978, se explicaría por las ingenuidades de los constituyentes que, por una parte, dejaron demasiados cabos sueltos —contradicciones, conceptos jurídicos indeterminados, mandatos sin sanción por su incumplimiento, sistema competencial abierto, declamaciones jurídicas de derechos de improbable aplicación, confusión en la descentralización territorial del poder— y, por otra, fiaron a la lealtad de los titulares de las instituciones del Estado, y singularmente del Gobierno, el efectivo cumplimiento de sus previsiones normativas.

La realidad es que, entre 2018 y el presente, la democracia española se ha introducido en una dinámica menguante y se ha ido configurando como un régimen patrimonialista que, amparado en una interpretación sesgada de la Constitución favorecida por el constructivismo de la mayoría de los magistrados del órgano de garantías, sitúa a España como uno más de los sistemas iliberales de Europa. Por eso, el referente de lo que sucede en nuestro país no es la Venezuela de Maduro, una hipérbole del gusto coloquial pero inexacta como toda exageración, sino el paralelismo con la decadencia de la Constitución de Weimar, impulsada aquí por la infidelidad de los gobiernos de Pedro Sánchez al espíritu de la norma fundamental de 1978.

Como en aquellos tiempos en Alemania, los españoles hemos sido convocados entre 2015 y 2025, una década, a cinco elecciones legislativas, sin que por esa razón la democracia española sea de mejor y mayor calidad de la que disfrutamos veinte años antes. Y aunque la situación creada no desemboque, que no lo hará, en una dictadura, sí migrará, de no remediarse, a un régimen —el sanchismo— en el que el propósito constituyente —la concordia en el Estado de derecho, la separación de poderes y la monarquía parlamentaria— vuele definitivamente por los aires.

El «no es no» de Pedro Sánchez de octubre de 2016 está en el origen de la sobrevenida malformación de la democracia en España. Como se ha señalado más arriba, en las elecciones de 2015 el Partido Popular obtuvo 123 escaños y el PSOE de Sánchez solo 90. Podemos se fue hasta 69 y Ciudadanos irrumpió con 40. El Congreso, en la jerga anglosajona, quedó «colgado». Transcurrido el plazo sin que se alcanzase un acuerdo de investidura, se convocaron otras elecciones en las que los populares mejoraron su número de escaños (137), el PSOE, también con el liderazgo de Sánchez, registró el peor resultado de su historia (85 diputados), la nueva marca Unidas Podemos se estabilizó (71) y Ciudadanos (32) redujo sus efectivos parlamentarios. Entonces fue cuando el secretario general del PSOE plantó su negativa a que el grupo socialista se abstuviese para permitir la investidura de Mariano Rajoy. La posibilidad de unas terceras elecciones en apenas un año se perfilaba en el horizonte como un fallo multiorgánico del sistema constitucional. No existía ninguna posibilidad de que en unos nuevos comicios se alcanzase una mayoría que desbloquease la situación.

En el criterio de Pedro Sánchez, concurrían dos alternativas a la abstención de su grupo para investir a Rajoy: asumir él la presidencia del Gobierno elegido en segunda vuelta con los votos de Podemos y de los grupos nacionalistas, hasta superar la suma de los 156 escaños de los populares con los del partido de Albert Rivera, o convocar de nuevo elecciones legislativas. La primera opción significaba la ruptura del socialismo con los compromisos históricos porque convertiría a las fuerzas antisistema —Podemos, ERC, Bildu— en árbitros de la gobernación del Estado. La segunda opción, terceras elecciones, implicaba el reconocimiento explícito de la impotencia del sistema político para mantenerse en pie, consagrando el disenso como estructural e irreversible.

El Comité Federal del PSOE celebrado en el mes de octubre de 2016 no autorizó ni la propuesta de Sánchez ni la falsa salida de unas terceras elecciones. El máximo órgano del partido entre congresos impuso al grupo parlamentario socialista la abstención en la investidura de Rajoy. La consecuencia: Sánchez renunció a la secretaría general del PSOE y a su acta en el Congreso y, acompañado por Santos Cerdán, Koldo García y José Luis Ábalos, se dispuso a dar la batalla a su propio partido —dirigido después de su renuncia por una gestora presidida por Javier Fernández, expresidente de la Junta del Principado de Asturias— en unas nuevas primarias de las que salió victorioso frente a sus dos oponentes: Susana Díaz, la candidata del oficialismo, y Patxi López, un espontáneo, seguramente teledirigido para restar votos a la andaluza y facilitar el éxito de Sánchez.

Previamente, y con la argumentación reticente pero leal desgranada en el Congreso por el portavoz del grupo socialista, Antonio Hernando, hoy hombre de confianza de Sánchez, 70 de los 84 diputados del PSOE se abstuvieron y Rajoy fue investido. Los quince parlamentarios que persistieron en el «no es no» de Sánchez —la mayoría, socialistas catalanes, al margen de algún nombre de familia socialista apátrida, como Margarita Robles— escenificaron la quiebra entre el PSOE tradicional y el Partido de los Socialistas de Cataluña (PSC), formación hermana que, poco después, sería la gran muleta de Pedro Sánchez para regresar a Ferraz y, más adelante, mantenerse en el poder. El madrileño, de agilidad gatuna, esperó su ocasión, que no tardaría en llegar.

Lo que el reelecto secretario general del PSOE no logró en octubre de 2016 lo consiguió el 1 de junio de 2018. Prosperó la moción de censura contra Mariano Rajoy —la primera en la historia de la democracia española— con la mayoría que quiso formar dieciocho meses antes. La opción «Frankenstein» se hizo realidad y Pedro Sánchez, con solo 84 diputados, se convirtió en presidente del Gobierno. A partir de junio de 2018 la falsedad y el engaño dieron el salvoconducto al socialismo gobernante para prolongar su estancia en el poder conforme a la plantilla ética de Sánchez. Esta no significaba otra cosa que relativizar los principios ideológicos del PSOE y traicionar su oferta electoral.

El presidente del Gobierno y secretario general del PSOE se convenció entonces de que la socialdemocracia española carecía de posibilidades de convocar mayorías suficientes para gobernar y de que precisaba de la extrema izquierda —Unidas Podemos primero, Sumar después—, del apoyo de los partidos independentistas catalanes —ERC y, luego, Junts—, así como del abertzalismo radical de Bildu y el nacionalismo del PNV. No solo. Era preciso, además, procurar, paso a paso, la exclusión completa de la derecha democrática, reingresarla en el tardofranquismo y, como consecuencia, fundar un nuevo régimen sobre la ruptura del pacto de la Transición y del modelo constitucional de 1978. Había que erigir un modelo regimental iliberal y presidencialista, reconfigurar el mapa del poder territorial de España al modo confederativo e incluir en el concepto progresista toda la capacidad de subversión de sus socios y la propia de un socialismo amnésico de su pasado reciente y temerario respecto de su futuro.

Para dimensionar la envergadura de la apuesta de Sánchez habría que considerar algunos datos objetivos. Obtuvo la presidencia con los votos de los partidos —ERC y los neoconvergentes— que solo unos meses antes, en octubre de 2017, habían protagonizado la sedición golpista en Cataluña y cuyos líderes serían condenados por la Sala Segunda del Tribunal Supremo un año después, también por malversación. Para entonces, Carles Puigdemont ya había huido a Bélgica y el magistrado instructor de la causa, Pablo Llarena, había librado la orden europea para su detención y entrega. Ese ayuntamiento de voluntades entre el PSOE de Sánchez y el secesionismo catalán fue posible a pesar de que el grupo socialista en el Senado respaldó el 27 de octubre de 2017, solo siete meses antes de la moción censura, las medidas de intervención en la autonomía catalana propuesta por el Gobierno de Rajoy en aplicación, la primera vez en el devenir constitucional, del artículo 155 de la Carta Magna.

La entente de Sánchez y el PSOE con Bildu en la moción de censura a Rajoy se produjo a menos de un mes de que la banda terrorista ETA —el 4 de mayo de 2018— comunicase su disolución sin que tal decisión fuese acompañada de alguna expresión de sentimiento por sus más de 850 asesinatos, ni de arrepentimiento, ni siquiera de conciliación. Sortu, el partido matriz de la coalición de Bildu, recibía de este modo la encomienda implícita de reivindicar la «lucha armada» de ETA como una versión épica de su batalla contra el franquismo —gran mendacidad, porque los etarras jamás fueron antifranquistas, sino antiespañoles, por eso asesinaron a mansalva a partir de 1980, después de la amnistía de 1977, de la Constitución y del Estatuto de autonomía de Guernica de 1979—, anclando en el liderazgo de la formación a Arnaldo Otegi, anteriormente miembro de la organización criminal, cuya larga mano en el Congreso correspondió entonces, y ahora, a Merche Aizpurúa, también condenada por apología del terrorismo en 1986. Datos históricos que Sánchez resolvió con un manotazo de miserable pragmatismo. Por otra parte, el puzle lo completó con el apoyo del PNV, que unos días antes de la celebración del debate de censura a Rajoy había acordado con su Gobierno la aprobación —siempre ventajosa para el nacionalismo— de los Presupuestos Generales del Estado.

La convergencia de tantos propósitos para tumbar al Gobierno del PP, cuya solidez se resintió de una alarmante carencia de vis política y de la procrastinación decisora más imprudente, incluso en la extirpación de graves casos de corrupción en su seno, marcó un punto de inflexión en la trazabilidad de la Transición. Tras el bipartidismo imperfecto que hasta 2015 había consagrado la partitura de la gobernabilidad, cuando el PSOE o el PP carecieron de mayorías absolutas, y con la fragmentación parlamentaria, Sánchez estableció nuevas reglas ante la perplejidad de su propio partido —que daría por buena la estrategia para acomodarse en el poder gubernamental y en su extenso perímetro de posibilidades extractivas— y la increencia de los sectores moderados de la derecha española, que no llegaron a intuir las consecuencias de aquella moción de censura.

El bolso de la vicepresidenta Soraya Sáenz de Santamaría, posado sobre el vacío escaño azul de Rajoy durante el debate, compuso la imagen de un infamante final de ciclo y el inicio regimental de un *modus operandi* sanchista que llegaría, tras las elecciones de 2019, a constituirse en un modelo patrimonialista, sin énfasis parlamentario, con pulsión mutante de la Constitución y abandono del acervo político concordado después del tránsito del franquismo a la democracia. Se trataba de implosionar el modelo constitucional y de hacer estructural la coyuntura política, aun sacrificando la vocación mayoritaria del PSOE. Ese mismo año, en diciembre, Vox irrumpía con fuerza en las elecciones autonómicas andaluzas —obtuvo 12 escaños de los 109 que componen el Parlamento andaluz— y de ese modo reactivo al proceso soberanista catalán —Andalucía ha sido siempre el principal contrapeso de Cataluña, y no Madrid—, la derecha política se fracturó también, precarizando las opciones del PP de recuperar en las urnas una mayoría suficiente para gobernar en solitario.

¿Cómo fue posible, lo es todavía, que con la Constitución de 1978 pueda gobernar un Sánchez cuyos apoyos parlamentarios se afirman y cohesionan en la impugnación de esa Constitución y de sus dos fundamentos esenciales, la unidad territorial de España y la monarquía parlamentaria? La respuesta remite a las muy prolíficas teorías de cómo mueren las democracias en el siglo XXI, a la reverberación del desplome de la Constitución de Weimar y a la emergencia del populismo de distinto signo, pero coincidente en la energía iconoclasta contra los sistemas convencionales, y que cursa con esa patología destructiva que es la antipolítica.

En otros países democráticos también los electorados son inconscientes de cómo se autolesionan. Lo hicieron los británicos en el referéndum del Brexit de junio de 2016 o, ese mismo año, los norteamericanos con la elección de Donald Trump para la presidencia de Estados Unidos. Esas ciudadanías incluso se reiteran en el error. En el Reino Unido, después de expulsar al populista Boris Johnson y reponer al laborista Keir Starmer, adquirió vuelo el ultranacionalista Nigel Farage, mientras los conservadores se han entregado a una lideresa radical como Kemi Badenoch. Los ciudadanos de Estados Unidos, a pesar del espectáculo democráticamente dantesco del asalto al Capitolio el 6 de enero de 2021, instigado por Trump, le reeligieron en noviembre de 2024, seguramente asombrados por la impostura demócrata que utilizó a Joe Biden —demenciado y enfermo— como banderín de enganche de una alternativa imposible que su partido acabó por dejar en manos, tarde y mal, de la fracasada Kamala Harris.

Salvando las distancias, en España ha venido ocurriendo algo parecido desde 2018. Las herramientas empleadas por el régimen sanchista no son en absoluto inéditas. El listado de recursos es breve pero sustancioso. Desmentir los compromisos preelectorales porque de la necesidad hay que hacer virtud y la verdad es solo una opinión que, como tal, puede variar en función de las circunstancias. Mantener un relato constante de adhesión a los auténticos valores de la Constitución que, con una interpretación progresista en lo político y alternativa o constructivista en lo jurídico, amplía las lindes de la gobernabilidad al modo populista. Incrustar en todas las instituciones dirigentes mediocres, y por eso dóciles, para que la resistencia de la inercia del sistema constitucional pierda tensión. Confrontar con la oposición y con los sectores sociales a los que representa conforme a las tesis del antagonismo permanente descrito en los manuales del chavismo bolivariano. Acreditar como democráticos el decisionismo gubernamental y el mayoritarismo para sustituir el carácter representativo de las cámaras legislativas y el papel de las instituciones contramayoritarias. Horadar la reputación de los jueces y de los tribunales con la sospecha del *lawfare* y la sugerencia de que actúan, en particular en el ámbito penal, bajo dictados ideológicos de la derecha. Emplear un neolenguaje «goebbelsiano», repetitivo, pertinaz en el relato alternativo, desafiando cualquier contraste con elementos objetivos. Perseverar en el buenismo como corriente emocional con sintonía popular, aplicando esa tesis a todas las acciones políticas, nacionales e internacionales. Hacer uso de las redes sociales, al mismo tiempo que se denuesta de ellas, para romper la intermediación institucional y, sobre todo, la periodística, en la medida en que la prensa —ya toda digital— formaría parte de la estructura avejentada de tiempos periclitados. Fomentar las políticas identitarias y de nicho, ya sean las del feminismo en sus versiones más radicales, las confesionales que repliquen a las religiones mayoritarias, por ejemplo, a la cristiana católica, o ya sean, también, las raciales o étnicas. Fisurar los conceptos de la cohesión nacional con otros inasibles, como «plurinacionalidad», «nación de naciones» o cosoberanía. Victimizar al poder cuando es puesto en cuestión y jamás rectificar, nunca admitir las consecuencias de un error y «borrar el pasado, olvidar que se ha borrado y convertir así la mentira en verdad», según acertado aforismo de Enrique Sueiro en su ensayo *Verdad organizada*. Pedro Sánchez ha echado mano de estos recursos de manera continuada haciendo que su imprevisibilidad sea siempre la opción más previsible para acertar el sentido de sus decisiones.

El presidente del Gobierno es, además, un hombre inaugural porque a él se pueden atribuir las primeras veces de acaecimientos políticos singulares en España. Fue el primero que accedió al poder con una moción de censura; el primero que llegó a la Moncloa sin ganar sus listas las elecciones generales en 2023; el primero que formó un Gobierno de coalición con la extrema izquierda, no sin antes perjurar que no dormiría tranquilo si estuviese obligado a incluir a sus dirigentes en su Gobierno; el primero que afirmó que las sentencias penales han de cumplirse en su integridad para acto seguido dictar indultos a sus socios políticos y llegar a suprimir el tipo penal por el que fueron condenados —la sedición—; el primero en negar que la amnistía fuese posible con la Constitución en la mano y el primero en impulsarla; el primero en pactar con el independentismo catalán una financiación singular para la comunidad catalana conforme al modelo del concierto de los territorios forales del País Vasco y Navarra después de haber negado cualquier posibilidad de aprobarlo; el primero en legitimar e incorporar a la «dirección estratégica del Estado» —Pablo Iglesias, *dixit*— a la coalición legataria de ETA después de repreguntar a su interlocutor: «¿Se lo repito?, nunca pactaré con Bildu», y, por fin, y a modo enunciativo, el primero en afirmar, pese a que su legitimidad es parlamentaria y solo parlamentaria, que gobernará con o sin el Poder Legislativo.

Esta última aseveración de Sánchez, formulada en septiembre de 2024, luego matizada, forma parte nuclear de su estrategia regimental, sustitutiva del modelo parlamentario. Dicho y hecho. El Gobierno —el único en una democracia liberal que se permite tal infracción constitucional— no ha presentado el proyecto de Presupuestos Generales del Estado ni en 2024 ni en 2025, desatendiendo de manera flagrante el mandato del artículo 134 de la Carta Magna. El 28 de julio de 2025, Sánchez aseguró que presentaría los Presupuestos de 2026, pero con dos reservas adicionales: que presentarlos no garantizaría su debate y que registrarlos y no aprobarlos tampoco le llevaría a convocar elecciones.

El debate presupuestario es la máxima expresión del parlamentarismo constitucional, de modo que un Ejecutivo que ni presenta ni aprueba las cuentas anuales pierde su legitimidad de ejercicio —la de origen reside en la investidura del presidente— e, implícitamente, constata no disponer de mayoría en las cámaras legislativas. La aprobación anual de los Presupuestos equivale a una reiteración de la confianza del Congreso de la que Sánchez carece, tanto por su omisión de presentar el proyecto anual de las cuentas públicas como por la negativa expresa a plantear una cuestión de esa naturaleza al Congreso con una declaración política o con un programa renovado para el resto de legislatura en los términos, muy precisos, del artículo 112 de la Constitución.

En esta misma línea de comportamientos antiparlamentarios, que privan a Sánchez de su legitimidad de ejercicio, aparece la utilización de los decretos ley —y no proyectos de ley— para desarrollar la iniciativa legislativa gubernamental, que hurtan al Congreso el debate material de sus contenidos reduciéndolo estrictamente a la mera convalidación y que, habitualmente, se consigue mediante transacciones con los grupos secesionistas y nacionalistas. Y que no se logra cuando el precio que exigen sus socios resulta inasumible, incluso para la prodigalidad del sanchismo. Peor práctica es aún la de elaborar decretos ley ómnibus, un *totum revolutum* tramposo que desafía la práctica legislativa y desprecia la función del Congreso.

Esta profusión de normativa excepcional no habría sido posible si el Tribunal Constitucional, presidido por Cándido Conde-Pumpido, no hubiera dictado resoluciones con una interpretación tan laxa sobre el alcance de la «extraordinaria urgencia» que exige la Constitución para justificar los decretos ley. El órgano de garantías ha otorgado al Consejo de Ministros una patente de corso para emplear a demanda este procedimiento normativo.

Alternativamente, y con la finalidad de eludir el informe de los órganos consultivos, el Gobierno tramita las proposiciones de ley a través de su grupo parlamentario y/o los de sus socios de investidura. Con frecuencia, además, gracias al control de la Mesa del Congreso y de la presidencia de la Cámara, impone su tramitación urgente para acortar el debate parlamentario. La ley orgánica de amnistía ha sido el paradigma de ese antiparlamentarismo. Fue una proposición de ley, y, por lo tanto, no se recabaron los informes preceptivos y no vinculantes del Consejo de Estado, del Consejo General del Poder Judicial y del Consejo Fiscal; se tramitó de urgencia para acortar plazos de discusión y no se atendió ni a una sola de las recomendaciones de la Comisión de Venecia del Consejo de Europa, que instó a que la ley fuese aprobada por una mayoría cualificada —dos tercios, en vez de simple mayoría absoluta—. En la vista oral celebrada ante el Tribunal de Justicia de la Unión Europea en julio de 2025, el representante del servicio jurídico de la Comisión realizó una exposición crítica sobre la motivación, gestación y resultados de la ley de amnistía, cuestionándola de principio a fin.

La elusión por el presidente de las sesiones de control semanales es una práctica constante e impune, como lo es el desprecio completo a un Senado desastrosamente regulado en la Constitución. En el mismo contexto antiparlamentario han de incluirse las denominadas «enmiendas intrusas», modificaciones de leyes sustantivas mediante disposiciones adicionales en otras de menor importancia o trascendencia. El debate sobre el estado de la nación, otra iniciativa no constitucionalizada pero sí consagrada como uso de tal naturaleza, se celebra a petición del Gobierno sin que el de Sánchez lo haya solicitado en los últimos años.

El presidente ha evitado al Congreso también en las decisiones más cruciales de la política exterior española. Ni la abdicación de las obligaciones contraídas por España como potencia administradora de la descolonización del Sahara Occidental en beneficio de su integración obligada en Marruecos; ni el reconocimiento del fantasmal Estado palestino, ni la crisis consecuente con Israel —que ha retirado a su embajador en Madrid— ni, en su momento, con Argentina; ni el estado de las relaciones de nuestro país con Venezuela; ni la política española en relación con la invasión de Rusia a Ucrania; ni las razones, objetivos y resultados de los viajes a la República Popular China del presidente del

Gobierno debidamente planificados por Rodríguez Zapatero; ni el fondo para incrementar el gasto en defensa hasta el 2,1 por ciento del PIB —más de 14.000 millones de euros—; ni, en fin, el tratado, ignoto aún, sobre Gibraltar, negociado con el Reino Unido, la Unión Europea y con la presencia del ministro principal del Peñón. Nada, en fin, de este listado de cuestiones que configura la política exterior del Gobierno ha sido validado, previo debate, por el Congreso de los Diputados.

Particular mención merece lo que el ministro de Asuntos Exteriores y Cooperación, José Manuel Albares, ha señalado como su «prioridad» en la Unión Europea: el reconocimiento de la oficialidad en las instituciones comunitarias de las lenguas cooficiales en las autonomías españolas con un idioma propio además del castellano, único de todo el Estado. Que el catalán, más concretamente, sea lengua comunitaria fue una exigencia de Carles Puigdemont en uno de los trasiegos entre el Gobierno y Junts: su apoyo para que Francina Armengol asumiese la presidencia del Congreso y de las Cortes Generales. En mayo y julio de 2025, y cinco veces antes, el Gobierno retiró la petición ante el Consejo de Asuntos Generales de la Unión para evitar una votación que no iba a ganar. No es que a Sánchez le importe el catalán en Europa; lo que le importa es que parezca que le importa para satisfacer a Puigdemont y su partido.

La iniciativa del reconocimiento del catalán en la Unión Europea es considerada «estratégica» no solo por los secesionistas, sino también por el consultor gubernamental José Luis Rodríguez Zapatero, que transmite dentro y fuera de España que conseguir la cooficialidad comunitaria del catalán sería el bálsamo de fierabrás definitivo para resolver la cuestión territorial. Esta argumentación es tan oportunista como la constante insaciabilidad del nacionalismo en Cataluña, cuyo estado natural, parecido al vasco, consiste en asentarse en una permanente necesidad de obtener contrapartidas del Estado para relajar su agresividad separatista. Tampoco esta cuestión, de gran importancia en la proyección internacional de España, cuyo idioma es uno de los grandes activos del país, ha pasado por el cedazo parlamentario. Ni pasará.

Al deterioro del parlamentarismo se añaden otros adicionales. Quizá el más llamativo sea el funcionamiento del Gobierno de coalición que desmiente su propia naturaleza. Los departamentos bajo la dirección de los ministros de Sumar —cinco de los veintidós del Gabinete— funcionan como compartimentos estancos respecto de los que titularizan los ministros del PSOE. Grandes y graves fiascos como la denominada «ley del sí es sí» —un despropósito técnico—, que tuvo que ser modificada al poco de su aprobación por los mismos grupos parlamentarios que apoyan al Gobierno, constituyó un auténtico escándalo porque el Ministerio, entonces de Presidencia y Relaciones con las Cortes —o sea, Félix Bolaños— se desentendió del control técnico del articulado de la norma.

En todo caso, Pedro Sánchez desactivó la coalición creando una superestructura en la presidencia del Gobierno y añadiendo al titular anterior de Presidencia y Relaciones con las Cortes las competencias críticas en materia de Justicia. De tal manera que en el mismo recinto de la Moncloa se produce una concentración de poder con una capacidad decisora que anula la operatividad del Consejo de Ministros, cuyos índices llegan a sus sesiones semanales previamente acordados no solo en las comisiones de secretarios de Estado y subsecretarios y en la Comisión Delegada para Asuntos Económicos, sino en una fase anterior, en los despachos del presidente, del jefe de su Gabinete y del tres veces ministro, Félix Bolaños. La coalición es un trampantojo, un montaje, un escaparate para lucir la falsa diversidad de las izquierdas. Varios de los ministerios asignados a militantes de Sumar no exigirían una categoría política y administrativa superior a una secretaría de Estado e, incluso, a una mera dirección general. El amaño es casi obsceno.

La falta de solidaridad en las decisiones del conjunto del Consejo de Ministros deriva con alguna frecuencia en portavocías duplicadas y contradictorias, cuando no en abiertos disensos entre la ministra portavoz y otros colegas comparecientes tras las sesiones del Gabinete. En ocasiones, primero en la coalición con Unidas Podemos, pero también después, con Sumar, se han emitido vídeos de respuesta al relato de los portavoces autorizados de la Moncloa. La falta de credibilidad de la coalición está en el origen del desplome electoral que predicen las encuestas a las formaciones a la izquierda del PSOE, que la vicepresidenta Yolanda Díaz no ha logrado aglutinar y que se fomenta sibilinamente desde el PSOE para lograr transferencias de votantes que sujeten su suelo electoral. Es reiterado el dato demoscópico según el cual los electores de partidos de extrema izquierda valoran más y mejor a Sánchez que a sus propios líderes —ocurría lo mismo con Rodríguez Zapatero—, una tendencia que ha ido decayendo a partir del estallido de los casos de corrupción protagonizados por los exsecretarios de organización del PSOE.

La opción de un «frente popular» que reúna a toda la izquierda en unas futuras elecciones, con un acuerdo previo con los separatismos vasco y catalán para voltear el sistema constitucional, se barajaba ya en el verano de 2025 y no es una posibilidad descartada. Una agrupación de esa naturaleza —ya ensayada en las legislativas francesas celebradas en junio de 2024 y con precedentes en las europeas en España— con una propuesta constituyente debiera ser considerada probable en las circunstancias en las que se desarrolla la legislatura que se inició en el mes de julio de 2023. La debilidad de las siglas del PSOE podría sugerir a sus dirigentes emboscarse en un frente unitario de izquierdas, tal como ha propugnado el portavoz parlamentario de ERC, Gabriel Rufián.

También es notable la colisión entre el Gobierno y los ejecutivos autonómicos después de que el PSOE y el resto de las formaciones de la izquierda perdieran prácticamente todo su poder territorial en las elecciones celebradas entre los años 2022 y 2023 en las comunidades autónomas —en Cataluña se celebraron en mayo de 2024 y el PSC fue el ganador con 42 escaños sobre 135, aunque Salvador Illa fue investido con los votos de ERC—. Una colisión entre gobiernos que se ha puesto de manifiesto con la ineficacia casi absoluta de las conferencias sectoriales de coordinación, del Consejo de Política Fiscal y Financiera y, especialmente, del máximo órgano de cooperación entre el Estado y las comunidades autónomas, la Conferencia de Presidentes. Aquello de la España «multinivel» y la cogobernanza no fue más que retórica utilitaria de ocasión. La bilateralización ahondada de las relaciones del Gobierno con Cataluña, País Vasco y Navarra diseña una doble realidad: esos territorios, confederados, y las demás autonomías.

La financiación singular de Cataluña acordada por el PSC con ERC para la investidura de Salvador Illa persigue, entre otros objetivos, reformular el Estado autonómico, distorsionándolo. En julio de 2025, lo que fue un pacto de investidura entre partidos se convirtió en un acuerdo entre la Generalitat y el Gobierno que no por inconcreto en fechas y cifras es menos trascendente, porque significó una declaración de intenciones ya plenamente institucional que dejó abierto el camino a un concierto económico catalán, como insiste el nada sospechoso Josep Borrell. La reversión de ese acuerdo, que sería imprescindible para evitar sus efectos perniciosos sobre la viabilidad del propio Estado, ofrecerá otro motivo de futura confrontación del independentismo con este.

El propósito es doble: que el nuevo estatus confederal de las tres comunidades, Cataluña, País Vasco y Navarra, dependa de las políticas del Gobierno de Sánchez, estimulando el voto dual, en las generales en favor del PSOE como garantía de permanencia de la malla de privilegios conseguidos y en las autonómicas, al partido corresponsal del socialista. Este sería el PSC en coalición con ERC en Cataluña y eventualmente con la CUP, si fuera precisa; el PNV en el País Vasco, con el PSE, mientras los abertzales radicales no terminen superando a los nacionalistas, y Bildu en Navarra como muleta del PSN.

El golpe de gracia a la credibilidad de la funcionalidad del Estado autonómico lo descargó la gestión previa y posterior de la tragedia causada por la DANA en Valencia en octubre de 2024. El «si quieren ayuda, que la pidan» —en referencia a la Generalitat valenciana— de un Pedro Sánchez que inhibió los recursos materiales y, sobre todo, competenciales del Estado estableció el relato de que la responsabilidad de la insuficiente respuesta al desafío de una catástrofe previsible, aunque no evitable, correspondía por entero al presidente autonómico de Carlos Mazón y a los servicios de la Generalitat. Sin absolver al responsable valenciano de sus muchas torpezas y negligencias, lo cierto es que las proporciones de las inundaciones que se llevaron por delante decenas de víctimas causando incalculables daños materiales demandaba la concurrencia coordinada de las Administraciones públicas del Estado y de la comunidad. Hubiese procedido sin discusión un decreto de alarma posterior a la petición de Mazón de intervención del Gobierno y, ante la magnitud del evento, sin que mediase reclamación alguna desde Valencia. Ya se apuntó por la Unidad Central Operativa (UCO) de la Guardia Civil, en julio de 2025, que la Confederación Hidrográfica del Júcar, dependiente del Ministerio de Transición Ecológica y Reto Demográfico, fue responsable también de omitir las alertas pertinentes. La dimisión del comisionado gubernamental para la reconstrucción, José María Ángel, por falsificación de su titulación académica, añadió una agravante a la indiferencia de la mirada de la Moncloa sobre la catástrofe.

Algo similar sucedió en agosto de 2025: una serie concatenada de incendios forestales de «segunda generación» arrasaron miles y miles de hectáreas en varias comunidades, especialmente en Castilla y León, provocando víctimas mortales y enormes daños materiales. La catástrofe, en un estío de temperaturas inusualmente altas, invitó al Gobierno y a varios de sus ministros a un comportamiento similar al que mostraron durante la DANA en Valencia. El Estado, a través del Ejecutivo, no tomó el mando de la situación mediante la declaración de emergencia o el estado de alarma, sino que entró en colisión con las autoridades autonómicas —en particular, el incomprensible ministro Óscar Puente—

y, otra vez, el juego de colaboración y lealtad que requiere el funcionamiento del mecanismo de un Estado descentralizado saltó por los aires. No sería ya especulativo que, en estas tesituras críticas, el Gobierno, con el presidente aparentemente ajeno a los acontecimientos, estuviese actuando no meramente de forma negligente, sino dolosa. Se trataría, en definitiva, de quebrar el modelo autonómico como parte esencial del sistema constitucional de 1978. Estaría demostrándose que el modelo territorial no es válido por ineficaz y que habría que migrar a otro confederativo con Cataluña, País Vasco y Navarra, sumiendo al resto de España en una categoría diferente e inferior.

La deslealtad, la imprevisión, la descoordinación y la rivalidad enmarcaron los episodios más trágicos de los últimos años en España y asestaron un varapalo a la confianza en el modelo territorial constitucional, al reparto de competencias que comporta y, sobre todo, pusieron de manifiesto la irresponsabilidad política en el ejercicio de las facultades que a cada instancia le correspondían. Como ocurriera en otros acontecimientos —el «cero energético» del 28 de abril de 2025—, el Gobierno logró la externalización de sus responsabilidades, que es una eficaz mecánica de repetición en el *War Room* de la Moncloa.

El espectáculo que el 3 de noviembre de 2024 se produjo en Paiporta, epicentro del terrible suceso de la DANA, ha tenido unas consecuencias de largo alcance que más adelante se examinan, pero, entre el barro y la desolación, el presidente del Gobierno ofreció una imagen desarbolada y el Rey volvió a ganarse la corona con un comportamiento que, aunque le deparó una fuerte colisión con Sánchez, acreditó que la aleación institucional de Felipe VI dispone de componentes metálicos de larga duración y resiliencia.

Por lo demás, el partidismo en la provisión de las presidencias y direcciones de los organismos autónomos y del sector institucional de la Administración General del Estado completa un paisaje alarmante de la maquinaría pública. Pedro Sánchez ha ido colocando a sus peones en esas instancias nominalmente independientes del Gobierno. Es el caso del Banco de España, cuyo gobernador, José Luis Escrivá, ha pasado del Ministerio de Transformación Digital sin solución de continuidad a la institución financiera. Ocurre algo similar, aunque menos aparatoso, en la Comisión Nacional del Mercado de Valores; también está en marcha una batalla para sustituir a la muy autónoma Cristina Herrero de la dirección de la Autoridad Independiente de Responsabilidad Fiscal, lo mismo que a la presidenta de la Comisión Nacional de los Mercados y de la Competencia, Cani Fernández, cuyo mandato finaliza en 2026. Otras instancias que suscitaron esperanza en el logro de más eficientes contrapesos al poder del Ejecutivo, como el Consejo Nacional de Transparencia y Buen Gobierno, sencillamente no funcionan, son estructuras trabadas. Muchas direcciones generales se han desprofesionalizado para sustituir a sus titulares funcionarios por cargos de confianza, asestando así un golpe letal a la estabilidad de las Administraciones públicas.

El documento del Ministerio de Transformación Digital y Función Pública emitido en el mes de julio de 2025 bajo el epígrafe «Consenso por una Administración Abierta» traslada una propuesta para alterar de manera radical el acceso a los cuerpos funcionariales de la más alta cualificación. De prosperar el intento mediante una ley al efecto y, como ocurre con el acceso a la carrera judicial y fiscal, conllevaría un modo arbitrario de selección profesional contrario a los principios constitucionales de mérito y capacidad. Abogados del Estado, inspectores de Hacienda y de la Seguridad Social, funcionarios policiales e interventores, auditores y tesoreros del Estado, entre otros, ya se han opuesto frontalmente a la ruptura del actual modelo de incorporación del personal al servicio de la Administración General del Estado. El proyecto forma parte del designio rupturista que el Gobierno plantea en todos los frentes. Se cierne sobre los cuerpos funcionariales de élite la misma estigmatización que sobre la judicatura: conservadurismo reactivo, endogamia y nostalgias franquistas.

El *modus operandi* clientelar del Gobierno se ha desplegado también en los espacios empresariales públicos y/o participados por el Estado. El intervencionismo del Ejecutivo en el ámbito de las compañías estratégicas ha sido muy significativo —es el caso de Telefónica—, así como la «colocación» en sus órganos de administración y dirección de gestores permeables a sus criterios, con cuota para los socios secesionistas de ERC y Junts, que disponen de militantes sentados en varios consejos de administración, y que no hacen ascos a su naturaleza nacional (española). De Red Eléctrica Española o AENA hasta RTVE.

Una reflexión más focalizada exigiría el análisis de la manipulación del servicio jurídico del Estado, la Abogacía del Estado, que depende funcional y orgánicamente del Ministerio de Justicia y cuyo abogado general tiene su despacho en el complejo de la Moncloa. Se coloca fuera de este territorio administrativo la Fiscalía General del Estado, que es un órgano de relevancia constitucional infiltrado hasta la médula, y corrompido en su cúspide, desde que, por primera vez en la historia, la ministra de Justicia Dolores Delgado pasase también sin solución de continuidad a desempeñar la titularidad jerárquica del ministerio público, cargo «heredado» por su hombre de confianza, Álvaro García Ortiz, presunto autor de un delito de revelación de secretos y por el que recientemente se le ha abierto juicio oral.

Estamos ante un panorama deconstructivo del sistema constitucional, pieza a pieza, imparable, entre protestas, eso sí, de adhesión a la Carta Magna de 1978. El «proceso destituyente» comenzó con el pacto para tumbar mediante una moción de censura a Mariano Rajoy de 2018, decantación última del proceso de subversión larvada e iniciada quedamente en 2004 por Rodríguez Zapatero. Tras la XIV legislatura (2019-2023), los pactos de investidura de Pedro Sánchez, tres explícitos —con Junts, con ERC y con el PNV— y uno implícito —con Bildu—, redactaron el guion del nuevo régimen sustitutivo, por tramos, del sistema pactado en la Constitución de 1978. La última ratio destituyente consiste en voltear el diseño territorial de España en dos fases: la actual y la próxima, si fuese posible, haciendo uso de la autorización del tribunal presidido por Conde-Pumpido en la sentencia sobre la amnistía, según la cual lo que no prohíbe directa ni indirectamente la Constitución puede realizarse —entre otras posibilidades, la amnistía—. El Gobierno y una eventual mayoría parlamentaria podrían así activar la consulta territorializada del artículo 92 de la Constitución, el referéndum consultivo, para explorar el ánimo catalán sobre la autodeterminación. A partir de ese momento, si la operación culmina, los acontecimientos se precipitarían y la embestida contra la monarquía parlamentaria sería la siguiente y quizá la última fase de la ideación de Sánchez. Iríamos a una España imposible, ahistórica, sin identidad, deconstruida.

La anterior no es una especulación, sino una inferencia de planteamientos independentistas revestidos de una juridicidad comparada como la canadiense o la escocesa. En 2024 se editó un ensayo para españoles de Stéphane Dion, inspirador de la Ley de Claridad para regular las condiciones de las consultas secesionistas en la provincia de Quebec, *Condiciones de la secesión en democracia. Reflexiones a partir de la experiencia canadiense.* Se dijo a propósito de su presentación en el Círculo de Bellas Artes de Madrid que la volubilidad de criterio de los dirigentes del actual PSOE, y de Pedro Sánchez en particular, permitía suponer que, si la amnistía ha sido posible con graves dificultades y que su aplicación total será traumática, también lo sería un referéndum o una consulta —conceptos emparentados pero no exactamente iguales— para testar el deseo colectivo de los catalanes de negociar con el Estado la segregación de Cataluña.

La cuestión, explícita, se recoge en los acuerdos firmados por Félix Bolaños y Oriol Junqueras en noviembre de 2023, y por Santos Cerdán y Jordi Turull en el pacto de Bruselas de noviembre de 2023. El partido de Puigdemont fue muy concreto en el convenio con el PSOE: «Junts propondrá la celebración de un referéndum de autodeterminación sobre el futuro político de Catalunya amparado en el artículo 92 de la Constitución». Los republicanos firmaron un texto más difuso: «La necesidad de que los acuerdos alcanzados como resultado político del diálogo sean refrendados por la ciudadanía, lo que permitirá cerrar una cuestión pendiente, contribuir a cumplir una demanda amplia, sólida y transversal mantenida a lo largo del tiempo y favorecer un consenso sobre el futuro de Catalunya». Unos y otros advirtieron de que la amnistía no era un punto de llegada, sino de salida. O, en otras palabras, que el «reencuentro» es retórica socialista que a ellos no les concierne.

Es obvio que el artículo 92 de la Constitución es un precepto inidóneo para el propósito que se contempla en el acuerdo entre el PSOE con Junts, lo cual, dicho sea de paso, tampoco sería un obstáculo invencible para Pedro Sánchez porque el presidente no entiende otra realidad que la que se crea en función de la necesidad de retener el poder. Los republicanos, sin embargo, buscan un procedimiento diferente para consumar su intención segregacionista: trasponer en España la llamada Ley de Claridad del año 2000 aprobada por la Cámara de los Comunes y el Senado de Canadá, en respuesta a los dos referéndums sobre la independencia de Quebec en 1980 y 1995; y los criterios de la Corte Suprema de la federación canadiense, que rechazó cualquier secesión unilateral, pero admitió que el Gobierno entrase en negociaciones con las autoridades provinciales —allí se denomina así a los territorios federados— para una nueva consulta. Exigía tres condiciones: que esas negociaciones fueran transparentes, que la pregunta sometida a los quebequeses fuera clara y que la consulta arrojara una mayoría cualificada —no bastaría con una simple mayoría de síes—. La Ley de Claridad fue posible en Canadá por dos razones: porque su Constitución no contiene cláusula de indivisibilidad del Estado y porque allí las provincias pueden convocar referéndums sobre cualquier materia.

Canadá es un caso único en las democracias occidentales en cuyas constituciones sí existen cláusulas de indivisibilidad —algunas intangibles, no reformables— y no hay habilitación a los territorios para la convocatoria de cualquier consulta. El libro de Stéphane Dion está llamado a establecer las bases del debate en España de la fórmula canadiense construida para manejar el independentismo de la provincia de Quebec, mayoritariamente francófona.

En septiembre de 2022, en el debate de política general en el Parlamento de Cataluña, Pere Aragonés ya apostó por un «acuerdo de claridad». Por esa razón el Gobierno catalán constituyó el 18 de abril de 2023 un Consejo Académico integrado por nueve especialistas al que pidió que respondiera a cinco preguntas en torno al posible «acuerdo de claridad». El Consejo emitió su informe en el mes de octubre, manejando varias hipótesis de consulta, sin que el dictamen tuviera la repercusión que su importancia reclamaba. En Cataluña, todo este argumentario se pondrá encima de la mesa y entrará como un obús en el debate político si el sanchismo se sostiene o el propio afán secesionista sostiene al sanchismo. Naturalmente, las objeciones de constitucionalidad serían mucho más claras y contundentes que respecto de la amnistía, pero sorteables.

¿Cómo de sorteables? Además de lo ya relatado, esas objeciones se eludirán también utilizando dialécticamente las nuevas doctrinas populistas de izquierda que con tanta simpleza, que no sencillez, han cogitado algunos intelectuales orgánicos de ese viejo-nuevo movimiento que trata de recuperar el latido de una izquierda occidental que importa de Latinoamérica mercancía averiada pero todavía utilizable. Se trata de «resignificar» los conceptos de patria, de nación —la resignificación es uno de los verbos de conjugación preferente de la *gauche* más amanerada—. Ese sector ideológico, huérfano de proyecto en España, pero no solo aquí, sino en casi toda Europa, ha encontrado en la deconstrucción territorial del país su «momento constituyente».

La resistencia de Sánchez a decaer definitivamente se explica porque ha abandonado toda lealtad al sistema y su única oportunidad, cueste lo que le cueste al capitán, es transformarlo, pasando de su actual condición de «okupa» del poder en el modelo constitucional, en el que ha perdido su legitimidad democrática de ejercicio que es parlamentaria y solo parlamentaria, a la de propietario vitalicio del nuevo régimen que está construyendo sobre las ruinas del pacto y la Constitución de 1978.

4

EL REY, LA REFERENCIA

«En política, la tenacidad lenta siempre se impone a la fuerza desenfrenada, el plan elaborado al plan improvisado, el realismo al romanticismo».

«Quizá le sorprenda que en mi escrito se realza la posición y función del rey. Soy consciente de que ello puede implicar riesgos, pero se trata de un riesgo calculado. Por lo demás, me inclino a pensar que el rey se sentirá plenamente legitimado el día que cuente con un Gobierno socialista o con participación socialista».

El párrafo anterior es uno de los cinco de la breve carta —inédita hasta el año 2024— que dirigió Manuel García-Pelayo a Felipe González el 18 de noviembre de 1977. El jurista republicano, exiliado voluntariamente en 1951 en Argentina y Venezuela, adjuntaba con la misiva un dictamen titulado «Consideraciones sobre la Constitución política de España», que previamente había remitido a la Zarzuela. El académico pidió permiso a la Casa del Rey para que el informe lo conociese Felipe González, a la sazón secretario general del PSOE.

García-Pelayo, que fue el primer presidente del Tribunal Constitucional entre 1980 y 1986, y pese a sus convicciones republicanas, lanzó su apuesta por la monarquía parlamentaria como forma de Estado alternativa al franquismo y a la república. Y no fue incoherente con sus convicciones, sino que supo expresar la decantación de una reflexión de los muchos dirigentes antifranquistas que llegaron a la Transición española con un propósito de reconciliación y perdón.

Los sobrinos de García-Pelayo, que falleció en Caracas en 1991, localizaron la carta y los tres sorprendentes dictámenes de su tío y se los facilitaron al catedrático de Derecho Constitucional de la Universidad Complutense de Madrid Eloy García para que los publicase en la excelente colección «Clásicos del pensamiento» de la que él es director en la editorial Tecnos. El primer dictamen es una aproximación a la Constitución política de España en la que García-Pelayo argumentaba que el Rey debería disponer de un papel más relevante del que finalmente se plasmó en la de 1978. Un segundo dictamen, también inédito e igualmente privado —elaborado a su propia iniciativa, cuando ya desempeñaba la presidencia del Tribunal Constitucional—, adquiere una gran trascendencia porque se explaya en la «consideración jurídico-constitucional sobre la actuación de S. M. el Rey con ocasión de los acontecimientos del 23 y 24 de febrero [de 1981, fecha del frustrado golpe de Estado]». Su conclusión es terminante:

Los actos llevados a cabo o promovidos por el rey tuvieron como resultado que la Constitución no cesara en ningún momento de tener vigencia, aún frente a la violación grave de sus normas y al bloqueo del funcionamiento de sus instituciones por parte de los sediciosos. Ello fue así debido a que no se suspendió ningún derecho o libertad fundamental y de que las acciones emprendidas por el rey o por su iniciativa se basaron siempre y en todo caso en preceptos constitucionales concretos y en la relación entre ellos, tal como se desprende de las páginas precedentes de este escrito. Dichos actos estuvieron siempre orientados por la constitucionalidad de los fines y los medios y se limitaron al tiempo y a las acciones indispensables para asegurar el funcionamiento regular de las instituciones.

Un tercer dictamen, igualmente inédito hasta su publicación en la colección que dirige el profesor García —recogidos los tres en un volumen titulado *El Rey*, con dos estudios de contextualización de los profesores Tajadura y del propio Eloy García—, realizaba una exégesis de los artículos 62.a y 91 de la Constitución, que son los preceptos que listan las competencias del Rey. Entre ellas, la sanción y promulgación de las leyes, un acto debido del jefe del Estado que cobró una cierta polémica a propósito de la ley orgánica de la amnistía. El volumen con estos textos de García-Pelayo tuvo en 2024 un gran impacto en la comunidad jurídica, pero menor en la política y la periodística, pese a su indudable interés y calidad.

Como quiera que Eloy García, al que me une una buena amistad, me solicitase criterio sobre este material y una indagación sobre si esos dictámenes eran o no conocidos por la Casa del Rey y recordados por Felipe González, hice las gestiones pertinentes. Después de asegurarme, tanto con el actual jefe de la Casa, Camilo Villarino, como con el anterior, Jaime Alfonsín, de la inexistencia de tales escritos en los archivos de la institución, se los hice llegar en copia a las dependencias administrativas de la Zarzuela y advertí también a Felipe González del «descubrimiento», suponiendo que él lo tendría en su memoria. Tampoco. El expresidente disponía de un vago recuerdo de alguna conversación en Caracas con García-Pelayo, así que también le envié copia de los escritos. Luego, Eloy García entró en contacto con la Casa del Rey y con Felipe González, se encargó de presentar el libro en varios actos en Madrid y otras ciudades, y esos dictámenes han pasado a constituir una aportación decisiva para entender en toda su profundidad el significado político-constitucional de la Corona.

Tenía razón García-Pelayo al adelantar dos criterios sobre la monarquía parlamentaria. El primero, de análisis político: el Rey se sentiría legitimado cuando reinase con un Gobierno socialista o participado por socialistas. El segundo, de concepción constitucional: el papel del Rey en la Carta Magna debió ser tan expansivo como el propio autor explicaba en el primero de sus dictámenes. Juan Carlos I reinó desde 1982 a 1996 y de 2004 a 2011 con dos gobiernos presididos por socialistas, los de González y los de Rodríguez Zapatero, manteniendo con el primero una relación fluida que llegó al aprecio personal, y sencillamente correcta con el segundo, del que desconfió respecto de iniciativas en las que comenzó a observar la ya reseñada animadversión al significado del pacto de la Transición. Don Juan Carlos, además, tuvo una intensa relación con Adolfo Suárez, aunque en el tramo final de su mandato ambos se distanciaron; otra muy sencilla con Leopoldo Calvo-Sotelo, hombre de gran caballerosidad y elegancia; más difícil con José María Aznar, seguramente el presidente más exigente con el Rey y, finalmente, crucial con Mariano Rajoy porque durante su primera legislatura (2011-2015) se gestó y consumó su abdicación.

El introito precedente alcanza todo su sentido para entender el reinado de Felipe VI a partir de la llegada a la presidencia del Gobierno de Pedro Sánchez en junio de 2018. En el transcurso de los once años de su reinado, el Rey ha convivido con dos presidentes. Con Mariano Rajoy los primeros cuatro y con Pedro Sánchez los siguientes, siete y medio hasta el presente. Como le sucedió a su padre, ha reinado más tiempo con socialistas que con conservadores. En el segundo mandato de Rajoy, el Rey tuvo que afrontar la situación creada por los sediciosos en Cataluña en octubre de 2017 y revalidó el papel de la Corona con su discurso el

3 de octubre de ese año, como su padre en la madrugada del 24 de febrero de 1981, salvando las distancias que se quieran entre ambos pasajes ya históricos.

Sin embargo, Felipe VI ha tenido que desempeñar la jefatura del Estado no solo en las dificultades, como ya relaté en *Felipe VI, un rey en la adversidad* (2021), sino también en un ambiente gubernamental de recelo y, en ocasiones, de deslealtad y hostilidad. El contexto del reinado de don Felipe durante la presidencia de Sánchez ha coincidido con hitos de particular importancia. Además de la jura de la Constitución de la Princesa de Asturias el 31 de octubre de 2023 ante las Cortes Generales, un acto que precintó sin incertidumbre la sucesión a la institución, en 2024 se cumplieron los diez años de su reinado.

La abdicación de su padre, Juan Carlos I, el 19 de junio de 2014, quizá tardía, obligó a su hijo el Rey a abrir un «tiempo nuevo». En ejecución de ese compromiso no ha escatimado esfuerzos. Redujo el número de miembros de la familia real para evitar derivas como las que acontecieron durante el reinado de su padre y le impuso un código de comportamiento en relación con las materias más prosaicas —incompatibilidad retributiva, destino de presentes y regalos, aceptación de herencias y legados—; impulsó también un código ético de obligado cumplimiento para todos los funcionarios y empleados de su Casa; declaró voluntariamente sus bienes en 2022 y encargó la profesionalización de los servicios de la jefatura del Estado a Jaime Alfonsín, jefe de su Casa hasta el mes de febrero de 2024, cumpliendo casi treinta años de fidelísimo y eficiente servicio a la Corona que continúa ahora Camilo Villarino.

Lo hace con un equipo renovado que merecería alguna apostilla por el buen criterio de incorporar a una mujer a la secretaría general de la Casa, la letrada de Cortes Mercedes Araújo de Terán, a otra en la intervención, Ana Varela, a una tercera como consejera diplomática, Carmen Castiella Ruiz de Velasco, y a la periodista Rosa Lerchundi como responsable de comunicación de la Zarzuela, en sustitución del veterano Jordi Gutiérrez. La Reina, además, tras la gestión del general Zuleta, ha optado para su secretaría personal por dos profesionales, primero por la abogada del Estado María Dolores Ocaña y luego por la experta periodista Marta Carazo. La feminización de la estructura administrativa de la jefatura del Estado ha sido una señal inequívoca del Rey en su conexión con la realidad social española.

En junio de 2025, don Felipe concedió los primeros títulos nobiliarios desde su proclamación. Distinguió con ellos no solo a su estrecho y fiel colaborador durante tres décadas, Jaime Alfonsín, sino que, además, reconoció a la cantante Luz Casal, a la nadadora Teresa Perales, al tenista Rafael Nadal, a la fotógrafa Cristina García Rodero y al científico Carlos López Otín. Con la concesión de la nobleza a estas personalidades, don Felipe quiso mantener la empatía con los logros que la sociedad española en su conjunto, y desde diferentes sensibilidades, considera como tales. O, en otras palabras, reconvertir la aristocracia en un estamento de excelencia personal y profesional. El reconocimiento público es también el propósito de los galardones que otorgan dos fundaciones vinculadas a la Corona: Princesa de Asturias y Princesa de Girona, títulos ambos de la heredera, Leonor de Borbón.

Puede sostenerse sin temor a errar que la Casa del Rey es una entidad —de muy difícil homologación jurídico-constitucional— plenamente transparente. Los convenios suscritos con la Abogacía del Estado para el asesoramiento profesional del Rey y de los cargos de la Casa y el firmado también con la Intervención General del Estado precedieron a otra medida de calado: el convenio con el Tribunal de Cuentas que se encarga ya de la auditoría externa de sus presupuestos. Una auditoría voluntaria, pero que acredita el propósito de transparencia y rendición de cuentas que el Rey asume con la convicción de revertir la opacidad imperante en el reinado de su padre. Buena parte de estas medidas se han incorporado al ordenamiento jurídico mediante reales decretos del Consejo de Ministros.

Estas decisiones y la coherencia entre su comportamiento público e institucional y el personal y privado han convertido al Rey en un paradigma de atributos cívicos reconocido socialmente. Felipe VI ha mostrado, además, una resiliencia emocional fuera de lo común y una extraordinaria determinación. La investigación prejudicial del Ministerio Fiscal bajo el mandato en la Fiscalía General del Estado de Dolores Delgado —tres diligencias que se cerraron con archivo en marzo de 2022— acreditaron que las conductas eventualmente ilícitas de Juan Carlos I no resultaban penalmente perseguibles por la concurrencia de la prescripción y de la regularización fiscal voluntaria. Otros hechos investigados por la fiscalía eludieron la querella ante la Sala Segunda del Supremo por la inviolabilidad que amparó al Rey mientras desempeñó la más alta magistratura del Estado.

Felipe VI, antes de esas diligencias y sin esperar después a que las averiguaciones fiscales concluyesen, tomó cuatro decisiones conspicuas. Suprimió la agenda pública de su padre, retiró a don Juan Carlos la asignación que libremente distribuye con fondos presupuestarios del Estado; renunció simbólicamente, por él y por sus hijas, a los derechos testamentarios del patrimonio paterno que pudieran corresponderle en el futuro, e instruyó a su progenitor para que se expatriase con la finalidad de evitar su interferencia mediática e institucional en la Corona y con su propia gestión tras el conocimiento público de sus irregulares conductas personales y financieras. Este último episodio, la expatriación, se saldó en marzo de 2022 con una carta de compromiso, largamente trabajada por el jefe de la Casa y los letrados de don Juan Carlos I, en la que el monarca abdicado fijaba definitivamente su residencia en Emiratos Árabes Unidos sin perjuicio de sus estancias temporales en España bajo el compromiso de mantenerse en la discreción de la privacidad.

No obstante, el padre del Rey no ha dejado de ser fuente de preocupaciones e inquietudes para la Zarzuela. La publicación de sus memorias, tituladas *Reconciliación*, ha sido una pésima idea de don Juan Carlos porque, como él predica, pero no se aplica, un «rey no escribe y no llora». No ha seguido el padre del Rey los consejos a los que se atuvo don Juan de Borbón, conde de Barcelona, que, disponiendo de tantas posibilidades de dictar su biografía, renunció a hacerlo por la natural discreción que debe informar las decisiones de personalidades tan estratégicas para la continuidad y solidez de la Corona. Don Juan Carlos, además, podía haber localizado a un interlocutor más idóneo —por ejemplo, Carlos Herrera, que lo intentó, o el periodista Francisco G. Basterra, que merodeó con la misma iniciativa— que la francesa Laurence Debray, cuya capacidad literaria, mediocre y superficial, ya quedó delatada con su librito *Mi rey caído*.

La autora —quienes la conocen la connotan como arrogante —ha llegado a trasladarse a Emiratos Árabes con sus hijos para la difícil tarea de redactar la biografía de una personalidad que requiere del conocimiento de un contexto histórico, político y jurídico-constitucional del que ella no es experta. Las intensas gestiones de la Zarzuela para que estas memorias se evitaran o, al menos, no se difundieran en unas fechas tan sensibles como las coincidentes con el cincuenta aniversario de la muerte de Franco y de su proclamación por las Cortes de su régimen no han sido atendidas por don Juan Carlos, que sigue dando muestra de su temperamento «ingobernable». A mediados de septiembre de 2025, la editorial dudaba sobre el acierto de publicar unas memorias redactadas en francés a una agencia internacional no solo por el impacto negativo sobre la Corona —un aspecto que Planeta siempre ha cuidado, evitando la publicación de textos que comprometiesen a la institución—, sino también por la banalidad del relato, que repercutiría en la reputación de la compañía. Su presidente, José Creuheras, llegó a reunirse con Laurence Debray para reclamarle «perfil bajo», contención y acordar los términos de la posible promoción de las memorias. El encuentro no satisfizo ni al gestor de Planeta ni a la autora.

Felipe VI ha adoptado todas estas decisiones no solo por convicción. También lo ha hecho por necesidad. La Corona no podía adentrarse en una parálisis de quietud y perplejidad después del largo reinado de Juan Carlos I, el rey fundacional de la democracia española, que terminó con una abdicación para enjugar —esa es la funcionalidad de las renuncias de los monarcas parlamentarios— las responsabilidades contraídas. Han sido, en consecuencia, medidas proactivas, pero también defensivas, de reconstrucción, e igualmente de restauración. El resultado de todas ellas ha elevado la consideración de la persona de Felipe VI a unos niveles de adhesión y respeto social impensables hace once años. Al tiempo, sin embargo, han propiciado una recesión institucional de la Corona.

La reflexión anterior parece contradictoria, pero no lo es. El aplauso popular al Rey y a la heredera, la Princesa de Asturias, que pudo comprobarse el 31 de octubre de 2023 en el acto solemne de la jura de la Constitución y de lealtad a su padre, rubricado por una sostenida y larga ovación de las Cortes Generales reunidas para la ocasión en sesión extraordinaria y solemne, no puede ocultar otras realidades políticas, sociales y mediáticas que han sometido a juicios inquisitoriales a la institución y a su titular. En estos más de once años de reinado se han reactivado en torno a la monarquía debates que se suponían consumados. Y que deberían estarlo.

El más controvertido ha sido el de la inviolabilidad del Rey, cuestión resuelta desde el análisis jurídico-constitucional comparado por una mayoría de académicos de la máxima solvencia, lo que ha evitado la gravísima tentación de proponer una Ley de la Corona imprevista en el Título II de la Constitución que solo contempla una norma orgánica, sin duda necesaria, que regule «las abdicaciones y renuncias y cualquier duda de hecho o de derecho que concurra en el orden de sucesión a la Corona». Y aunque este crucial asunto del desarrollo normativo del estatuto constitucional del Rey ha sido suprimido de cualquier agenda legislativa viable, sigue siendo en determinados ámbitos de la conversación pública un tema recurrente e interesadamente sostenido.

La cuestión que, por el contrario, sería necesario abordar —la prevalencia del varón en la sucesión— reclama condiciones de consenso constitucional que no se han dado en ninguna de las seis legislaturas habidas —de la VIII a la XV— bajo el reinado de Felipe VI y que le han exigido un recurrente desgaste en cumplimiento del artículo 99 de la Constitución, con una decena de rondas de consultas en un clima político de máxima confrontación e inestabilidad. Ya se ha planteado, aunque sin horizonte práctico todavía, que haya que preservar al monarca de la erosión institucional que conlleva la propuesta de candidato a la investidura a la presidencia del Gobierno, aunque se produzca con el refrendo implícito de la presidencia del Congreso de los Diputados. Otras monarquías parlamentarias —la belga, por ejemplo, y también la sueca y la holandesa— han evitado esa sobreexposición del titular de la Corona.

En esas rondas se ha manifestado virulentamente la acendrada deslealtad al sistema constitucional —golpeando con desaires de toda laya a la figura del Rey— de fuerzas políticas secesionistas vascas y catalanas que han hecho bandera del abatimiento de la monarquía parlamentaria al considerarla —y no es incierta la apreciación— un bastión frente a las veleidades separatistas, en cuanto que el Rey constituye una de las garantías simbólicas —pero efectiva— de «la unidad y permanencia» del Estado. Esta actitud no es nueva porque ya se produjo durante el reinado de Juan Carlos I. Pero en la actualidad adquiere un volumen corregido y aumentado por la fuerte emergencia entre 2015 y 2023 de partidos antisistema adscritos a la izquierda radical y de

obediencia independentista que, con la política de coalicio-
nes y los acuerdos para la investidura de Pedro Sánchez,
han distanciado al Partido Socialista Obrero Español del
compromiso de asistencia y apoyo a la Corona como parte
esencialísima del pacto de la Transición que se plasmó la
Constitución de 1978.

Desafortunadamente, la izquierda española ha vuelto a
aceptar sin reparos que se discuta abiertamente un argumentario superado por las democracias con monarquías
parlamentarias: la legitimación democrática de la Corona
que, como se ha reiterado hasta el hartazgo, se combina
entre la de origen —constitucional— y la de ejercicio
—ejemplaridad, funcionalidad de su servicio al Estado,
cumplimiento estricto de sus funciones constitucionales y
capacidad de absorber una representación transversal—.
Todavía con motivo del décimo aniversario de la proclamación de Felipe VI reverdeció la polémica sobre el acopla-
miento de la Corona con el sistema democrático, cuestión
resuelta, y bien resuelta, tanto a nivel teórico como práctico.
Pues bien, al Rey le ha acompañado ese debate, estirado
dolosamente y sobre el que se ha erigido la displicencia gubernamental. Se ha achicado así el espacio de la Corona. Es
una realidad objetiva.

Hay que remontarse a la legislatura que concluyó en
2015 para recoger las primeras muestras forenses de la deslealtad hacia el Rey. Quizá la primera fuera el desmayo político en embridar el proceso soberanista catalán, lo que le

obligó a pronunciarse el 3 de octubre de 2017. En aquel contexto, todavía con reflujos, la figura del Rey fue la diana de injurias, desplantes y menosprecios, sin que la izquierda institucional española desautorizase expresamente semejantes actitudes, que, además de reiteradas, eran y son repetidas por cargos autonómicos y hasta ministeriales. La derecha tampoco ha sido estratégica en su apoyo a la Corona y al Rey. Desde determinados círculos de ese sector, Felipe VI ha recibido acerbas críticas por decisiones debidas del monarca, de índole constitucional, y por la gestión del Rey en la rehabilitación de la Corona que le han exigido medidas que no han sido cabalmente comprendidas.

El Rey, que es una de las claves de bóveda de la arquitectura del pacto constitucional de 1978, adquiere su pleno sentido si le acompaña en su gestión la lealtad que juran los más altos magistrados del Estado. La lealtad no es una emoción ni una mera adhesión. La lealtad es la racionalización democrática de una institución que recoge un enorme bagaje histórico, asume la pluralidad del presente, garantiza la estabilidad en el vértice del Estado, resulta instancia referencial común y observa con ejemplaridad los principios y valores reflejados en la Constitución, proyectándolos con capacidad de integración al futuro de la nación. La lealtad no es, en consecuencia, una simple fidelidad, sino una secuencia constante de actos de reconocimiento recíproco del entramado equilibrado de los poderes efectivos y simbólicos en una democracia liberal que, como la nuestra, ya no se puede permitir la recurrencia de derogaciones constitucionales.

El Rey ha entrado en una zona de alto riesgo en la XV legislatura de la democracia, la actual. La amnistía a los impulsores y ejecutores de la sedicente declaración de independencia de Cataluña en 2017 fue un hito materialmente derogatorio de principios constitucionales —seguridad jurídica, igualdad de los ciudadanos ante la ley, separación de poderes— que impacta desastrosamente sobre el propio jefe del Estado, quien, el 3 de octubre de ese año, de modo asertivo y en ejercicio tanto de su derecho al mensaje como a su reserva de poder en situaciones excepcionales, invirtió todo su capital referencial en la defensa de la unidad de España y de la vigencia del principio de legalidad. Una amnistía a cambio de votos parlamentarios para investir a un presidente del Gobierno con insuficiencia crónica de escaños de su propio partido plantea un desafío a la jefatura del Estado en un ámbito que constitucionalmente le concierne. La impunidad legislada por sus propios beneficiarios constituye un disparate jurídico, aunque no solo. También lo es desde el punto de vista ético y hasta moral, como bien reseñó el Rey tanto en octubre de 2017 como, de forma elíptica pero nítida, en su mensaje de Navidad de 2023, en el que reclamó la defensa de la «dignidad» de España vapuleada por los relatos y previsiones de los pactos firmados en noviembre de ese año para la investidura del actual presidente del Gobierno.

Se están concitando todos los requisitos para que el diagnóstico desemboque en una mutación constitucional que altere la naturaleza de la monarquía española. Es, hasta ahora, si bien precariamente, homologable a otras europeas, pero migrará aceleradamente hacia el modelo decorativo y ornamental sueco si persiste el cortocircuito al Rey en el desarrollo de sus funciones, que se delimitan tanto por la Constitución como por unos deseables usos aún sin consolidar en España tras más cuarenta y seis años de vigencia de la Carta Magna.

Apartar al jefe del Estado de todo protagonismo en la política exterior, romper el ritmo de los despachos presenciales desconociendo su derecho constitucional a ser informado de los asuntos de Estado —Sánchez no los mantiene semanalmente y, además, con frecuencia no son presenciales en la Zarzuela—, utilizarle para estratagemas políticas personales —como colofón a su retiro del mes de abril de 2024—, permitir que desde el propio Gobierno de coalición se le descalifique por ministros del partido minoritario o asumir el peaje de que los socios parlamentarios lo hagan de manera constante —ni un reproche público a los portavoces de Junts, ERC o Bildu cuando se refieren al Rey en términos inaceptables—, regatearle presencias —no se le planifican suficientes visitas de Estado ni viajes de la misma naturaleza— y constreñirle a una agenda tantas veces irrelevante desde el punto de vista institucional, además de materializar la deslealtad, es también un despilfarro en la necesaria acumulación de esfuerzos para servir a los intereses del Estado y de la nación.

En septiembre de 2022 falleció la reina Isabel II de Inglaterra, seguramente el espejo de todos los monarcas parlamentarios de Europa. En 2014, abdicó Juan Carlos I, en quien la sociedad española depositó su confianza para conseguir la inédita democracia de 1978 que disparó la reputación internacional de España. No hay monarquía parlamentaria que no haya registrado, incluida la británica, turbulencias familiares nada edificantes. Se han producido otras abdicaciones —la del emperador de Japón en abril de 2019, la de la reina Margarita de Dinamarca en enero de 2024, la del gran duque de Luxemburgo en octubre de 2025— que marcan una tendencia según la cual los reinados ya no son vitalicios. La siguiente generación real en los países europeos ha adquirido perfiles diferentes en un proceso de adaptación mesocrática, bien visible también en España con el matrimonio del Rey en 2004. Es una apuesta decidida por la sostenibilidad de la monarquía cuando ya está mediada la tercera década del siglo XXI.

El aburguesamiento monárquico no es una apuesta segura, pero es necesaria. Ahora bien, la monarquía como forma de Estado carece de fuerza política autónoma y se sostiene en la urdimbre institucional. Su combustible es la lealtad a la significación histórica, simbólica y representativa del titular de la institución. Sin lealtad la monarquía pierde oxígeno y su permanencia está abocada a dos salidas: a la meramente litúrgica pero inane o, simplemente, a su extinción. En un país como España, con la irresuelta cuestión territorial, en época de populismos enfebrecidos, el Rey —un monarca como Felipe VI— es tan necesario como cuando en 1975 el legítimo representante de la dinastía histórica, su padre, sintonizó con la nación como lo ha hecho su hijo desde las primeras emergencias políticas de 2014.

El respaldo social a la figura del Rey, la simpatía y empatía que despierta la Princesa de Asturias y la progresiva valoración que adquiere la Reina en su papel simbólico, no constitucional pero sí contributivo a la imagen de la Corona española, no han merecido el tratamiento demoscópico específico del Centro de Investigaciones Sociológicas que dirige José Félix Tezanos. En la Moncloa, quizá, no desean testimonios de sesgo oficial que consagren lo que se percibe: que el Rey se ha convertido en una referencia de todos los valores que no se atribuyen a otros cargos institucionales. Metroscopia es la única empresa de estudios y análisis sociales que se ha ocupado de elaborar un barómetro continuo para medir la sintonía entre «los españoles y la Corona». Los resultados acumulados entre 2014 y 2024 —que no son públicos, pero de los que se dispone para la redacción de este texto— resultan expresivos.

El Rey, en la primera década de su reinado, se sitúa en torno al 65 por ciento de media de aprobación, por igual entre hombres y mujeres, con mejor porcentaje entre los mayores, 66 por ciento, y menor entre los jóvenes, 48 por ciento. La derecha, con el 72 por ciento, apoya más a don Felipe que la izquierda, aunque es mayoritario el respaldo en el PSOE, con el 60 por ciento, y reducido entre los votantes de Sumar, 28 por ciento. Desde la perspectiva territorial, los porcentajes de aprobación son más bajos en Cataluña, País Vasco y Navarra, 41 por ciento, que en el resto de España, 60 por ciento. Pero ¿hay republicanismo enraizado en nuestro país? La respuesta es negativa: el 78 por ciento de los consultados por Metroscopia —insisto en que los porcentajes son acumulados— se declara «nada republicano», indiferente un 55 por ciento y «totalmente republicano» un 17 por ciento. También las evaluaciones de Leonor de Borbón, 61 por ciento, y de la Reina Letizia, 53 por ciento, superan con holgura el examen demoscópico. En el barómetro del Real Instituto Elcano del mes de diciembre de 2024 el Rey de España fue reconocido como el líder europeo mejor valorado, por delante de Carlos III, el fallecido papa Francisco, Olaf Scholz, Ursula von der Leyen y Emmanuel Macron, entre otros.

Pero con ser interesantes estas mediciones quizá lo sea más la verosimilitud que los ciudadanos atribuyen a la continuidad de la Corona como institución-vértice del Estado constitucional. Y en ese aspecto los porcentajes tienden a estar igualados entre aquellos que observan un horizonte despejado para la monarquía parlamentaria y los que, en cambio, avizoran dificultades e incertidumbres. La Corona en España carece, a diferencia de otras monarquías parlamentarias, de una adecuada divulgación sobre los beneficios funcionales que reporta al sistema político y a la convivencia. Es verdad que las Reales Academias se han empleado en la tarea, unas más que otras, en el décimo aniversario de la proclamación de don Felipe en 2024; que se han revitalizado asociaciones como la Red de Estudios de las Monarquías Contemporáneas (REMCO); que ya están adquiriendo más frecuencia artículos de análisis y opinión que siguen la agenda del Rey y de la familia real, pero no se ha llegado todavía a la plena normalización de la institución, en buena medida porque es más dependiente de unos intangibles de los que carece el entero sistema nacional: escasea la lealtad constitucional y no hay suficiente sentido de la responsabilidad; no se presta fidelidad a la significación constituyente con que se dotó a la Corona y menudean las crónicas impunes repletas de maledicencias que se amparan en la voluntaria indefensión judicial que es característica del Rey y su familia.

El factor Sánchez incide en esta situación de la Corona de manera definitiva. El presidente del Gobierno toma las decisiones sin la más mínima consideración de cómo afectan, o pueden hacerlo, al Rey. La propia amnistía es una medida que revoca las palabras del monarca el 3 de octubre de 2017. No obstante —y como no podía ser de manera distinta—, don Felipe sancionó y promulgó la ley orgánica que la aprobaba con la incomprensión de sectores radicales de la derecha, que desconocen el estrecho margen de maniobra de que dispone un monarca parlamentario. La sanción y promulgación de las leyes es un acto debido para el Rey, como los nombramientos que le propone el Gobierno y que constitucionalmente le corresponden, si bien formalmente, así como determinadas presencias —o ausencias— en las que la Casa del Rey ha de tener en cuenta el criterio de la Moncloa. Son las reglas del juego y don Felipe se atiene a ellas. Media el refrendo por mandato constitucional que corresponde, según los casos, al presidente del Gobierno, a las Cortes Generales y a los ministros.

El Rey, eso sí, dispone del derecho al silencio. No debe manifestar su discrepancia con las decisiones del Gobierno y de su presidente, pero no viene compelido a proclamar lo que al Ejecutivo le convenga. Por ejemplo, el día de la Pascua Militar, 6 de enero de 2025, el departamento de comunicación de la Casa del Rey se demoró en la remisión del discurso de Felipe VI en el Palacio Real. Los periodistas que cubren las actividades públicas de la familia real lo recibieron cuando la ceremonia estaba a punto de comenzar. Entró en las bandejas de los *emails* en formato PDF con la advertencia habitual: «Embargo hasta el final del discurso, solo es válido el discurso pronunciado». Salvo en muy contadas e irrelevantes excepciones, el texto que remite la Zarzuela es exactamente el que pronuncia el monarca, pero, para evitar malentendidos, el discurso no puede hacerse público hasta no haya sido pronunciado por el Rey.

El texto definitivo de las intervenciones del jefe del Estado es el resultado de un proceso de meticulosa elaboración. En función de la naturaleza del acto en el que Felipe VI interviene, su Casa solicita borradores a los ministerios, recaba asesoramiento de instancias institucionales —por ejemplo, las Reales Academias o el Real Instituto Elcano—, y con todo ello los servicios de su Casa, bajo la dirección de su jefe, Camilo Villarino, y con la participación de los profesionales que desempeñan en ella su función y, eventualmente, de asesores externos, se eleva al Rey una redacción definitiva que Felipe VI revisa y sobre la que toma la decisión última. La Casa, después, y con antelación suficiente, envía el documento a la presidencia del Gobierno, de modo que ninguno de sus discursos es pronunciado sin que previamente los conozca la Moncloa. Se trata de un uso constitucional propio de todas las monarquías parlamentarias que es coherente con la necesidad de que esos textos reciban el refrendo, por lo general implícito, del Ejecutivo.

Aquel día se «coló» por error un borrador del discurso de Felipe VI en la Pascua Militar que no se correspondía con la redacción definitiva. De ese primer documento se suprimió el siguiente párrafo:

En el calendario de 2025 tenemos también muchas fechas señaladas: en primer lugar, se cumplen cincuenta años de los hechos que dieron paso al proceso de transformación de nuestras Fuerzas Armadas, ya desde los albores de nuestra democracia; un proceso de transformación que empezó tras el fin de la dictadura —una página oscura de nuestra historia común y un tiempo de división de los españoles, hoy felizmente superado— y tras la llegada al trono de mi Padre, el Rey don Juan Carlos. Una metamorfosis que fue vital para el afianzamiento de la democracia en España y en el que la Corona desempeñó un papel esencial.

Un diario «cazó» que esas palabras no fueron pronunciadas por el Rey y recogió las explicaciones al respecto de su Casa. La redacción inicial se realizó sobre una serie de ideas y reflexiones, considerando que, por razones de oportunidad, el párrafo no debía incorporarse a la intervención definitiva de Felipe VI. De tal modo que la versión oficial, la única válida, es la que leyó el jefe del Estado y que está alojada en la web de la Casa.

Ciertamente eran significativos tanto el error en colgar una versión inicial que no se correspondió con la definitiva como la intencionalidad con la que ha se ha interpretado que Felipe VI eludiese la referencia a la dictadura de Franco y la mención a su padre, Juan Carlos I. Varios constitucionalistas que entonces fueron consultados afirmaron tajantemente que el Rey «tiene derecho al silencio», es decir, «a que nadie, ni el Gobierno, pueda forzarle a que diga algo que él no considere procedente» y, por lo tanto, «está dentro de sus facultades omitir aspectos que, como en este caso, no eran sustanciales en su disertación y que, a solo cuarenta y ocho horas del primer acto del ciclo *50 años de España en libertad* [que se celebró el 8 de enero] podrían provocar más polémica». Así pues, el Rey «puede callar», pero no dejar de «cumplir con su obligación».

Felipe VI, sin duda alguna, debía, y lo hizo, sancionar y promulgar la ley de amnistía, pero nadie podía obligarle a elogiar política o jurídicamente la medida de gracia. Por otra parte, el jefe del Estado ejerce su facultad de callar, que siempre es más correcta que la de hacer añadidos no escritos en sus intervenciones. Precisamente, para mantener el propósito integrador de la Corona y lograr que el Rey se exprese siempre *supra partes*, los constitucionalistas abogan por la presunción de «la buena fe» para analizar el ejercicio de las competencias constitucionales que los artículos 56 y 62 de la Constitución le atribuyen.

La buena fe del Rey es una característica de su gestión en la jefatura del Estado. Y nunca se vio más traicionada que cuando el 3 de noviembre de 2024, días después de la terrible DANA, que abatió toda una comarca de Valencia con dos centenares de víctimas y un enorme destrozo material, los reyes viajaron a Paiporta, un escenario desolado y desolador de la tragedia. Los acompañó el presidente del Gobierno. Los sucesos de aquel día, quizá, al menos en parte, previsibles, han marcado el nivel más bajo de sintonía y afinidad entre el monarca y el presidente del Gobierno.

Una turbamulta de ciudadanos indignados por la pésima gestión de la catástrofe por parte de las Administraciones públicas, la emprendieron a gritos, denuestos y empujones contra las comitivas oficiales desplegadas con un aparato policial incomprensible por indiscreto. Los escoltas retiraron a Pedro Sánchez de aquella revuelta en la que recibió toda clase de improperios, mientras Felipe VI y la Reina permanecieron en las calles embarradas de Paiporta —embarrados también ellos— dando un ejemplo de entereza, de autocontrol y de capacidad para infundir el respeto que no logró transmitir Pedro Sánchez.

De aquel episodio salió fortalecido el Rey —¿qué hubiese ocurrido de haberse retirado como ese Sánchez desmadejado y llevado humillantemente en volandas por el servicio de seguridad?— pero demediado el presidente, que no ha vuelto a pisar por aquellos lares y sus presencias se han protegido en espacios cerrados o seguros ante la posibilidad de recepciones hostiles. Tampoco asistió al funeral por las víctimas el 9 de diciembre de 2024, celebrado en la catedral de Valencia, durante el cual don Felipe y doña Letizia fueron aclamados. Los reyes, en atención a los acontecimientos, acortaron su recorrido y de Paiporta regresaron a Valencia, donde les esperaba un resentido Sánchez, que se dirigió al Rey profiriendo reproches y recriminaciones por la supuesta insolidaridad del jefe del Estado, puesto que, en su criterio y en el de sus corifeos que le rodeaban, don Felipe y doña Letizia deberían haberse retirado con él. Esta escena no fue privada, sino oída por un buen número de personas presentes en las instalaciones del Centro de Cooperación

Operativa Integrado (CECOPI). La intervención de la Reina cortó en seco el episodio, al que Felipe VI nunca se ha referido y que encajó con la serenidad habitual en él.

Sánchez demostró su rencor al Rey y su redomada soberbia al día siguiente, 4 de noviembre, lunes. El diario *El País* publicó el titular con la mercancía que le vendió la Moncloa: «El Gobierno ve a la ultraderecha detrás de los incidentes y asegura que la Zarzuela diseñó esta visita fallida». Ya en el cuerpo de la crónica, firmada por el inevitable Carlos E. Cué, se llegaba a afirmar que el desplazamiento a Valencia se había producido por «empeño» del Rey. No hay precedente de que un Gobierno haya descargado sus propias responsabilidades sobre la jefatura del Estado. Suya era la de la seguridad pública, suya la decisión de que acompañase el presidente al Rey y suya la capacidad para vetar la presencia allí de don Felipe. Un veto que ya ejerció Sánchez en septiembre de 2020 cuando le prohibió, para no molestar a sus socios independentistas, desplazarse a Barcelona para entregar, como es ya habitual, el despacho a los nuevos jueces en la Escuela Judicial con sede en la Ciudad Condal.

Ese titular y esa crónica en *El País* causaron perplejidad por la temeridad institucional de la Moncloa en su relación con la jefatura del Estado. Y por la mendacidad que compró acríticamente el periódico, que quedó al descubierto al desmentirse oficialmente que los incidentes hubieran sido protagonizados por sectores organizados de la ultraderecha. En realidad, fueron vecinos indignados los que participaron en ellos. El «diseño» del viaje correspondió a la Zarzuela, pero en coordinación con la presidencia del Gobierno. Volvió a funcionar el mecanismo de externalización de las culpas y responsabilidades del Ejecutivo en otras instancias ajenas a él. Esa es la operativa de Sánchez, que ha consagrado el principio antagónico de la democracia: la irresponsabilidad del Ejecutivo en sus propias deficiencias, omisiones y errores.

Desde los hechos de Paiporta y de su manipulación grosera por la Moncloa en *El País* sobre lo que allí ocurrió el 3 de noviembre de 2024, las relaciones entre Sánchez y el Rey quedaron congeladas, sin el menor atisbo de fluidez, solo limitadas a lo imprescindible. Pero las consecuencias se hicieron notar. En la mayoría de los viajes oficiales del Rey al extranjero no le acompañó un ministro de jornada, y hasta en la ceremonia de entrega de cartas credenciales de los embajadores en Madrid, que se celebra solemnemente en el Palacio Real, el ministro de Exteriores y Cooperación, José Manuel Albares, ha brillado por su ausencia, delegando en el secretario de Estado una función delicada y simbólica que le corresponde con prioridad sobre otras muchas.

El desdén, posiblemente envidioso, del ministro hacia su compañero de carrera, Camilo Villarino, jefe de la Casa del Rey, añade personalismo miserable a un comportamiento gubernamental con la Corona no siempre digno. Albares profesa a Villarino una manía que no se recata de reconocer en público. Cuando llegó al Ministerio de Exteriores retiró la petición del plácet al Gobierno de la Federación Rusa que había tramitado su predecesora, Arancha González Laya, para que Villarino ostentase la representación del Estado español en Moscú. Josep Borrell se hizo entonces con los servicios del diplomático aragonés, que desempeñó la jefatura de su Gabinete mientras Borrell era alto representante de la Unión Europea para Asuntos Exteriores y Política de Seguridad.

Pero otros ministros tenidos por más institucionales y sensatos destacaron por su deslealtad. Margarita Robles, que juega a ser la «patriota» gubernamental en el Consejo de Ministros, se comporta como el resto de sus colegas. Cuando el Rey viajó a las repúblicas bálticas en junio de 2024 lo hizo sin la ministra que, urgida por las críticas, se unió a la visita del monarca en la última jornada. En aquellos países, España tiene desplegadas tropas en misión especial fronteriza con la Federación Rusa.

Sánchez tampoco acompañó a Felipe VI en el funeral y sepelio del papa Francisco, celebrados en mayo de 2025, y excusó, sin motivo, su asistencia al acto cultural más característico del curso: la entrega en Alcalá de Henares del Premio Cervantes que galardonó al escritor Álvaro Pombo. Sin embargo, en un gesto quizá en exceso concesivo, el Rey, por primera vez, se desplazó a la Moncloa para celebrar en la sede de la presidencia del Gobierno la reunión del Consejo de Seguridad Nacional. Fue el 29 abril de 2025, justo el día después del histórico apagón que reportó al Ejecutivo un serio desgaste. No había precedente de tal desplazamiento del Rey, y la razón que se esgrimió fue banal: como se celebraba la misma mañana sesión del Consejo de Ministros era razonable evitar que trece de ellos tuvieran que desplazarse de la Zarzuela a la Moncloa. Razón poco convincente para justificar la excepción de una regla de uso cuasi constitucional. Al Gobierno no pareció importarle el desgaste del Rey en septiembre de 2025, cuando tuvo que recibir al fiscal general del Estado, procesado, para la entrega protocolaria de la memoria fiscal y, después, presidir la apertura del año judicial con la intervención, muy controvertida dada su situación procesal penal, de Álvaro García Ortiz.

El estado de la cuestión monárquica en España atraviesa por un tiempo de incertidumbres. Un grupo de académicos, catedráticos y profesionales cualificados en distintas disciplinas —Manuel Aragón, Francesc de Carreras, Juan Díez Nicolás, Tomás Ramón Fernández, José Luis García Delgado, Emilio Lamo de Espinosa, Araceli Mangas, Francisco Sosa Wagner y Gabriel Tortella— publicaron en 2022 un largo informe bajo el título de *España: democracia menguante*, en el que expusieron, entre otros aspectos, todas las circunstancias que ponen en riesgo la monarquía parlamentaria en España.

Afirman que su continuidad es «una condición existencial de nuestro sistema constitucional». Llegan a aseverar que «podría afirmarse que la democracia española ha dejado de ser una monarquía parlamentaria con división de poderes para convertirse en una especie de parlamentarismo presidencialista, intentado incluso suplantar o reducir el papel del Rey como jefe del Estado, pero sin los frenos y contrapesos que son propios de una república de régimen presidencial». Denuncian que el Gobierno ha dejado de «tener relevancia propia, absorbida por la persona de su presidente que, al mismo tiempo, se presenta (o aparenta presentarse) más como presidente de la nación que como mero presidente del Poder Ejecutivo, simulando una especie de jefatura del Estado que no le corresponde a él, sino al Rey».

Esta tendencia presidencialista, dicen los autores, se ve favorecida «por el Gobierno internamente dividido», por lo que proponen que sería conveniente, «si se acometiera en algún momento una reforma constitucional, se aprovechase para cambiar el nombre de "presidente del Gobierno" por el de "primer ministro", que es el apropiado en las monarquías parlamentarias [...] y así terminaría la incorrecta referencia —en el plano interno y en el internacional— al "presidente español", para ser sustituida por la más correcta de "primer ministro" español».

Ante este panorama, sin duda alarmante, regresa la lucidez de García-Pelayo y su empeño, ya en 1977, de que la Corona tuviera un diseño constitucional más determinante que el actual. Escribió hace cuarenta y ocho años el ilustre jurista lo siguiente:

En un tiempo en que las necesidades de gestión estatal han obligado a dar amplios poderes al Ejecutivo, es aconsejable que el ejercicio de estos sea en cierto modo «dividido» [...] y para ello, parece conveniente que los excesivos poderes del Gobierno encuentren un regulador en la asignación de ciertas funciones del jefe del Estado, bien entendido que, en una monarquía, algunas de ellas deben ser ejercidas lo menos posible y otras lo más discretamente posible. Apenas parece necesario recordar que tanto las exigencias de los principios democráticos como los requisitos para la permanencia y consolidación de la institución monárquica exigen su imparcialidad ante las fuerzas políticas y la asunción de una actitud que, quizá, no siempre puede ser neutral [...], pero sí ha de ser no beligerante.

Con su experiencia vital y profesional, el profesor García-Pelayo entrevió con casi medio siglo de anticipación que el expansionismo de los poderes gubernamentales y la supeditación de las mayorías parlamentarias a esas facultades ejecutivas requerían de contrapesos con la dotación de potestades equilibradoras a las instituciones contramayoritarias, como la Corona en una monarquía parlamentaria. Los constituyentes, a pesar de ello, no previeron la deriva presidencialista que ahora, con Sánchez en la Moncloa, neutraliza los *checks and balances* de nuestro sistema.

El Rey, a pesar de la escasez de su margen competencial, se ha convertido en España en la referencia alternativa a todo lo que representa el iliberalismo, el caudillismo y hasta el cesarismo de Pedro Sánchez. Don Felipe no es la némesis del presidente del Gobierno, sino la última frontera que simboliza «la unidad y permanencia (del Estado)» que, sin ambages, está en riesgo por el avance regimental del sanchismo.

5

LOS JUECES Y EL ACOSO

«La medida más certera de una fuerza es la resistencia que vence».

La relativa frecuencia con la que se producen pronunciamientos judiciales sobre cuestiones políticas nos ha acostumbrado a reacciones de los distintos responsables de todos los signos que comienzan con acatamiento y, después, se explayan en contra de lo resuelto. La novedad de los últimos tiempos no está en el tono de esas manifestaciones, sino en un elemento que comienza a aparecer en algunas de ellas. Se halla en la afirmación más o menos velada —aunque a veces llega a ser bien explícita— de que las sentencias o resoluciones controvertidas políticamente son obra de jueces que carecen de la imprescindible imparcialidad y actúan con el designio de perseguir a determinados políticos o de obstaculizar la labor que llevan a cabo desde los órganos de los que son titulares.

Este párrafo, sutil, sereno, está firmado por Pablo Lucas Murillo de la Cueva, presidente de la Sala Tercera del Tribunal Supremo y catedrático de Derecho Constitucional, juez designado por el Consejo General del Poder Judicial como responsable del control del Centro Nacional de Inteligencia (CNI) y reconocido jurista no solo por su capacidad técnica, sino también por la escrupulosidad con la que ha desempeñado y desempeña su labor jurisdiccional. Lucas describe la situación en la que se encuentran los jueces y magistrados:

> [Desde que] en uno de los pactos que llevaron a la investidura del presidente del Gobierno se recogió expresamente que las conclusiones de las comisiones de investigación a constituir durante la legislatura se tendrían en cuenta en la aplicación de la ley de amnistía en la medida en que pudieran derivarse situaciones comprendidas en el concepto de *lawfare* o judicialización de la política, con las consecuencias que, en su caso, puedan dar lugar a acciones de responsabilidad o modificaciones legislativas.

Efectivamente, el concepto de *lawfare* era ajeno por completo a nuestra cultura política y nunca se había manejado para denunciar que los jueces y magistrados en España incurrían en el peor de los sectarismos. El término resulta de la contracción de dos palabras del inglés, *law* («ley») y *warfare* («guerra») y alude la «guerra judicial», a la persecución por los jueces a personas o grupos por razones ideológicas. La incorporación del término *lawfare* a la conversación política y jurídica en España se produce, efectivamente, en el texto del pacto de Bruselas de noviembre de 2023 firmado entre el PSOE —Santos Cerdán— y Junts —Jordi Turull—, por el que los siete diputados del partido secesionista catalán se comprometieron a votar la investidura de Pedro Sánchez. La contrapartida, entre otras varias, consistía en el compromiso por parte del nuevo Gobierno de impulsar una ley de amnistía en beneficio de los condenados en los procesos judiciales por hechos perpetrados durante el proceso soberanista y el sobreseimiento definitivo de los procedimientos penales y administrativos en curso que se derivasen directa o indirectamente de aquel episodio.

La amnistía acordada en el pacto de Bruselas requería para su aparente razonabilidad dar por sentado que en España se ha producido una ideologizada persecución judicial a los secesionistas, cuyos líderes fueron condenados por el Supremo en octubre de 2019 por los delitos de sedición y malversación. Un juicio al que no se sometieron Carles Puigdemont y otros porque huyeron y hoy son prófugos de la justicia, después de fracasar hasta en dos ocasiones la euroorden de detención y entrega. El PSOE asumió que en un país como España la «guerra judicial» contra el secesionismo era algo más que una posibilidad: era una probabilidad.

De ese modo, la justicia española quedaba amenazada desde los poderes ejecutivo y legislativo, sometida a sospecha con la perspectiva de que inespecíficas «comisiones de investigación» se alzasen, como tribunales populares, en inquisidoras de los jueces. Por eso, y con cierta sorpresa en los círculos judiciales, políticos y periodísticos, Manuel Marchena, expresidente de la Sala Segunda del Supremo y del tribunal de enjuiciamiento de la causa del proceso soberanista, así como ponente de la resolución que condenó a sus líderes por sedición y malversación, publicó en el mes de mayo de 2025 un relato de divulgación con el título *La justicia amenazada*.

En la introducción del ensayo, Marchena escribió:

La historia enseña que el poder político no ha superado la tentación de debilitar los mecanismos constitucionalmente concebidos para el control democrático de sus decisiones. La separación de poderes, nota definitoria de cualquier Estado constitucional, tiene que ser percibida como mucho más que una declaración puramente formal o programática. El equilibrio entre poderes del Estado no puede limitarse a un enunciado normativo sin aplicación práctica. Antes al contrario, debe ser la regla que defina y delimite las respectivas parcelas funcionales de cada uno de los poderes del Estado. Cuando ese equilibrio se altera, la justicia se ve amenazada.

El texto del magistrado español quizá con más proyección en la última década —durante la que desempeñó en dos mandatos consecutivos la presidencia de la Sala Penal del Supremo— resultó un serio aviso. Y aunque en el libro elude nombres y situaciones concretas para preservar su imparcialidad en los casos sometidos todavía a su jurisdicción, la subtrama del ensayo es perfectamente identificable: es la España en la que el Poder Ejecutivo, desde los pactos de investidura de Sánchez con los secesionistas, se ha lanzado a una confrontación indisimulada con el Poder Judicial. Un poder del Estado que, con la Corona y un sector de los medios de comunicación, son el verdadero contrapoder, y quizá el único efectivo, al nuevo régimen instalado por el sanchismo.

El pacto entre Puigdemont y Sánchez fue posterior a una serie de beneficios a los golpistas que el secretario general del PSOE aseguró que nunca se otorgarían. En junio de 2021 concedió el indulto parcial a los cabecillas de la trama secesionista, y no fue total porque el tribunal de enjuiciamiento informó desfavorablemente la medida de gracia. En enero de 2023 suprimió el tipo penal de la sedición en el Código Penal, que era el delito más grave de los que se atribuían a los jefes de la revuelta, y atenuó las penas de la malversación.

En el informe del Ministerio de Justicia sobre los indultos —cuyo titular era el Juan Carlos Campo, luego magistrado del Constitucional— se afirmaba enfáticamente que la amnistía no era posible constitucionalmente y que el perdón de los delitos debía concederse de manera individual por el Rey a propuesta del Consejo de Ministros. En junio de 2024, sin embargo, el Congreso aprobó la ley orgánica de la amnistía con una larga exposición de motivos que, en lo sustancial, recogía el falaz relato de los secesionistas sobre el proceso soberanista.

Ni con los indultos primero, ni con la supresión de la sedición y la atenuación de la malversación, ni con la amnistía después sus beneficiaros expresaron arrepentimiento, sino, muy por el contrario, su propósito de «volver a hacerlo» [el intento separatista]. El 26 de junio de 2025, el Tribunal Constitucional resolvió el recurso de inconstitucionalidad interpuesto por el Partido Popular, declarando la norma como adecuada a la Carta Magna porque se amparada en el principio de que «todo lo que en ella no se prohíba directa o indirectamente» cabe en el ordenamiento jurídico. Conde-Pumpido precipitó la elaboración de la ponencia —que encomendó a la magistrada Inmaculada Montalbán—, su deliberación y fallo. Preveía lo que sucedió: los serios reparos que, una semanas después, opuso la Comisión Europea a la norma en la primera sesión de la vista oral ante el Tribunal Europeo de Justicia en las cuestiones prejudiciales interpuestas por el Tribunal de Cuentas y por la Audiencia Nacional. Conde-Pumpido entregó a Pedro Sánchez lo que le había pedido: el salvoconducto de constitucionalidad de «su» ley de amnistía o, en otras palabras, el pago a sus socios secesionistas de su voto por la investidura.

Todo este proceso de olvido de las consecuencias penales del proceso soberanista se ha acompañado desde 2021 de un desafío constante al Poder Judicial por los independentistas, formulado dentro y fuera del Congreso de los Diputados. Sus portavoces no han cesado en el insulto y la descalificación a los jueces y magistrados —ante la imperturbabilidad de Francina Armengol, presidenta de la Cámara, y de todos los miembros del Gobierno— y a pesar de las muy sobrias protestas de la presidenta del Consejo General del Poder Judicial y del Tribunal Supremo, Isabel Perelló.

La ofensiva para intimidar a los jueces y magistrados, erosionar su reputación —«prevaricadores», «franquistas»— ante la opinión pública y crear un denso ambiente hostil a la acción de la justicia han sido los mimbres de una estrategia paralela para tratar de legitimar las medidas de gracia —indulto y amnistía— e intentar que los recursos ante el Tribunal de Justicia de la Unión Europea (TJUE) y el Tribunal Europeo de Derechos Humanos (TEDH) desestimen las cuestiones prejudiciales y estimen los recursos contra la sentencia del Supremo de octubre de 2019.

En los círculos judiciales cunde el pesimismo porque, aunque el TJUE estimara en todo o en parte que la norma de la amnistía infringe el derecho europeo —los servicios jurídicos de la Comisión así se han pronunciado en la vista oral celebrada el 15 de julio de 2025—, existe la convicción de que la supresión del tipo penal de la sedición y las medidas de gracia llevarán al Tribunal Europeo de Derechos Humanos —el del Consejo de Europa, de distinta jurisdicción a la de TJUE— a revocar la sentencia del *procés*, condenando a España.

No faltan magistrados que anticipan la presentación de querellas por prevaricación contra los del Supremo si quedan desactivadas sus resoluciones en la instancia europea. En definitiva, nada de la dinámica política contra jueces y tribunales que el Gobierno y sus socios han puesto en marcha es improvisada, gratuita o inocua. En último término, ¿cómo podrían entender los magistrados de Luxemburgo o Estrasburgo que los delincuentes de antaño sean hogaño los socios del Gobierno? Por otra parte, la fiscalía y la abogacía del Estado ante el Tribunal de la Unión y ante el de Derechos Humanos se han alineado con las tesis de los condenados.

El Poder Judicial, además, ha llegado a este capítulo de la historia de la democracia española fuertemente estresado. Porque ha sido la política la que se ha judicializado y no los jueces los que han judicializado la política. Durante la larga marcha del terrorismo de ETA, la medida más incisiva para acabar con la banda fue la aplicación de la ley de partidos por la Sala especial del artículo 61 del Tribunal Supremo, que ilegalizó a Herri Batasuna en 2003, y otras posteriores que resolvieron lo mismo con las marcas blancas de la organización «civil» de los etarras.

Durante las dos últimas décadas del siglo pasado, los tribunales se tuvieron que emplear a fondo en la depuración de responsabilidades muy graves por delitos de corrupción que afectaron primero al PSOE y luego al PP. La recurrencia de este fenómeno en la clase política española ha continuado en el primer cuarto del siglo XXI. Por fin, el Gobierno del Partido Popular entre 2011 y 2018 descargó sobre el Tribunal Constitucional y sobre los órganos de la jurisdicción ordinaria —y en su cúspide, el Tribunal Supremo— la falta de soluciones políticas preventivas en el proceso soberanista en Cataluña. El resultado de esta sobrecarga ha sido un Poder Judicial tensionado, sobrexpuesto en los medios de comunicación ante la opinión pública y sometido a chaparrones de declaraciones políticas contradictorias en función de la orientación de sus resoluciones y sentencias.

Dos factores adicionales han agravado el estrés del Poder Judicial. Por una parte, la tendencia, imparable desde el mandato de Cándido Conde-Pumpido al frente del Tribunal Constitucional con mayoría denominada «progresista», de revocar por vía de estimación de recursos de amparo las sentencias firmes del Tribunal Supremo, en particular de la Sala Segunda. De hecho, el órgano de garantías constitucionales, rebasando su función de ejercer una justicia constitucional negativa —declarar lo que no cabe en la Constitución en vez de pergeñar teorías creativas—, se ha transformado en una instancia casacional, oficiando como la última de la jurisdicción ordinaria. Esta práctica es gravísima porque el Constitucional no forma parte del Poder Judicial y debe limitarse a enjuiciar la inconstitucionalidad de las normas, resolver los conflictos institucionales de competencias y solo muy restrictivamente revisar si las sentencias firmes —no las resoluciones interlocutorias— de los tribunales han podido quebrantar derechos fundamentales, pero sin posibilidad de reevaluar la prueba ni de valorar la aplicación genérica de las leyes.

Es profundo el arraigo de las doctrinas interpretativas alternativas a la que prescribe el artículo 3 del Código Civil, la tradicional que aporta una sólida seguridad jurídica. Varios magistrados «progresistas» del Constitucional se jactan de su «constructivismo», que les autoriza, dicen, a crear realidades jurídicas a partir de los mandatos constitucionales, porque la Carta Magna no sería normativa, sino abierta, declamatoria, líquida. Este órgano de garantías constitucionales es el más decisivo de cuantos el Gobierno ha colonizado. Su presidente fue fiscal general del Estado durante los dos mandatos de José Luis Rodríguez Zapatero; Juan Carlos Campo, ahora magistrado, fue ministro de Justicia en el Gabinete de Pedro Sánchez y la hoy magistrada Laura Díez Bueso ejerció de directora general en la Moncloa designada para el cargo por el actual ministro de Justicia, Presidencia y Relaciones con las Cortes, Félix Bolaños.

La revocación parcial de las sentencias de la Audiencia de Sevilla y de la confirmatoria de aquellas de la Sala Segunda del Supremo en el caso de los ERES de Andalucía ha sido un ejemplo clamoroso de injerencia del Constitucional en la jurisdicción ordinaria. De conformidad con una ponencia que hacía agua en cada uno de sus párrafos, seis magistrados de los doce del Tribunal Constitucional acordaron dejar en la más absoluta impunidad la malversación de casi 700 millones de euros, ordenando a la Audiencia sevillana dictar una nueva sentencia recogiendo las tesis de la resolución del Tribunal, con excarcelación de los responsables del fraude y otras suspensiones de condenas. Sin embargo, el 14 de julio de 2025 los magistrados andaluces paralizaron la ejecución de la sentencia del Constitucional y elevaron al Tribunal Europeo de Justicia una cuestión prejudicial para que examinase hasta veinte aspectos de la resolución del órgano de garantías, entre ellas, si había o no suplantado al Supremo. Es el primer desafío abierto de un tribunal ordinario al Constitucional. El Supremo, por su parte, se ha visto en la necesidad de advertir que los magistrados del Tribunal Constitucional podrían incurrir en el delito de prevaricación si dictan sentencias a sabiendas de que son injustas por exceso de su jurisdicción.

El segundo factor añadido al sobrecalentamiento del Poder Judicial ha sido el sectarismo del Ministerio Fiscal desde que se hiciese cargo de la Fiscalía General del Estado Dolores Delgado, que desempeñó el cargo entre 2020 y 2022 y al que accedió, sin solución de continuidad, desde el Ministerio de Justicia. Nunca había ocurrido que el Gobierno desconociese con tal impudor la apariencia de imparcialidad que debe acompañar a este nombramiento al frente de un órgano de relevancia constitucional que ejerce la acción penal, defiende los derechos de los ciudadanos y ha de velar por la independencia de jueces y tribunales. Tanto ella como después su sucesor, Álvaro García Ortiz, que fue el jefe de su secretaría técnica con categoría de fiscal de Sala, se han entregado con una docilidad sin precedente a los intereses del Gobierno. Se han convertido en auténticos «delegados» gubernamentales. Una opinión en la que redundó Miguel Herrero de Miñón como consejero permanente de Estado en la sesión del Consejo del 29 de julio de 2025. En voto particular al dictamen favorable al anteproyecto de la Ley de Enjuiciamiento Criminal para entregar la instrucción penal a los fiscales, el que fuera uno de los de redactores de la Constitución de 1978 denunció que el Ministerio Fiscal se había convertido en una «delegación gubernamental» y advirtió del «escandalo» que supone atribuir a la fiscalía más competencias cuando el fiscal general de Estado estaba procesado y pendiente de juicio oral por la presunta comisión de un delito de revelación de secretos.

Manuel Marchena, en su ya citado ensayo *La justicia amenazada*, dedica su primer e intencional primer capítulo a la fiscalía. El título del apartado es sugestivo: «¿De quién depende el fiscal? Pues ya está…», interrogación y respuesta que se proporcionó a sí mismo Pedro Sánchez en una entrevista radiofónica. Con notorio sentido patrimonial de la fiscalía, pero también con ignorancia técnica, porque, aunque el ministerio público no es estrictamente independiente, sí es autónomo en el ejercicio de su función y se somete a los principios de legalidad e imparcialidad. Sánchez es notablemente inculto en materia constitucional, de modo que la combinación de su ignorancia con su audacia le conduce a incurrir en la bastedad de afirmaciones insostenibles. Como explica el magistrado Marchena, la «honestidad del fiscal puede no ser suficiente» para garantizar el recto ejercicio de sus funciones. De ahí que insista, junto con la comunidad jurídica y los sucesivos informes sobre el Estado de derecho en España emitidos por la Unión Europea, en la necesidad de reformular de manera muy incisiva el Estatuto Orgánico del Ministerio Público.

Para que la fiscalía instruya los procedimientos penales, lo que es frecuente en la mayoría de los Estados democráticos de nuestro entorno, y para que el juez sea solo de garantías, es imprescindible un cambio sustancial de la normativa orgánica y funcional de la propia fiscalía. Hoy por hoy, la inacción de la fiscalía, de no ser por la acusación popular, dejaría en la impunidad casos que pudieran cuestionar, incomodar o concernir al Ejecutivo. Además, es necesario que su jerarquía interna no ahogue la voz de un cuerpo funcionarial de élite que tiene capacidad formal de pronunciarse a través del Consejo Fiscal —de facto, el único órgano interno de control del fiscal general, integrado por miembros natos y electos— y de la Junta de Fiscales de Sala, cuyo criterio técnico ha de ser atendido con alguna forma de vinculación en las decisiones también técnico-jurídicas del fiscal general.

Tradicionalmente, pero de manera más frecuente y notoria en los últimos años, tanto Dolores Delgado como Álvaro García Ortiz se han afanado en crear fiscalías especiales —algunas duplicadas— para nombrar en su jefatura a fiscales de sala y alcanzar con ellos mayorías en los dictámenes técnicos de la Junta que les reúne. La fragmentación del Ministerio Fiscal es uno de los aspectos que evidencia con mayor claridad el propósito manipulador del Gobierno y de sus dos últimos fiscales generales. Se da la circunstancia de que en los casos penales que afectan directamente al presidente del Gobierno, el de su mujer en un juzgado de instrucción de Madrid y el de su hermano en otro de Badajoz, los fiscales se han comportado más como diligentes letrados de las defensas de los imputados que sus propios abogados. Si por ellos hubiese sido, los dos procedimientos estarían ya archivados. El comportamiento autónomo, profesional e imparcial del fiscal Alejandro Luzón, responsable de la Fiscalía Anticorrupción, que ejerce la acusación en el caso de Ábalos y Cerdán, es gratificante, pero podría ser neutralizado por la acción jerárquica de un nuevo fiscal especial de sala designado para la Coordinación de los Delitos contra la Administración Pública.

Álvaro García Ortiz es el fiscal general del Estado que ha batido todos los registros: ha sido el único declarado no idóneo para el cargo por el Consejo General del Poder Judicial —noviembre de 2023—, reprobado por el Senado —junio de 2025— y está procesado —junio y julio de

2025— por un presunto delito de revelación de secretos en el Supremo a instancias, entre otras entidades, del Colegio de la Abogacía de Madrid, el más numeroso de España, y de la Asociación Profesional Independiente de Fiscales. Además, la Sala Tercera del Supremo, la Contencioso-Administrativa, anuló en noviembre de 2023 uno de los dos nombramientos de Dolores Delgado como fiscal de Sala entendiendo que se había producido con «desviación de poder» de García Ortiz, un vicio administrativo de anulabilidad de su decisión que no se había atribuido judicialmente nunca a ningún nombramiento efectuado por los anteriores fiscales generales.

En un comportamiento que constituye materialmente una prevaricación administrativa, el Gobierno mantiene en el cargo a García Ortiz a pesar de que podría cesarlo de inmediato porque el procesamiento por un delito profesional —la revelación de secretos— comporta el incumplimiento grave de sus obligaciones. Sin embargo, sigue en el cargo, y es la teniente fiscal del Tribunal Supremo, la número dos de la fiscalía y su subordinada, la que, en vez de ejercer la acusación en la causa, defiende a su superior, creándose así una situación procesal absurda y políticamente solo concebible en regímenes políticos en los que el principio de la decencia ha sido sustituido por el de la arbitrariedad. El Ministerio Fiscal es, así, otra de las instituciones devastadas por el sanchismo que ha hecho oídos sordos a los informes del Grupo de Estados Contra la Corrupción (GRECO) y de la

Unión Europea para que se establezcan mecanismos de máxima autonomía funcional del fiscal respecto del Gobierno que lo designa. Oídos sordos.

El episodio más controvertido protagonizado por García Ortiz se produjo el 5 de septiembre en la apertura del año judicial 2025-2026. En el salón de plenos del Tribunal Supremo, el fiscal general, ante el Rey y la cúpula judicial, reivindicó sutilmente su inocencia y desafió las peticiones que se le formularon para que, en atención a su inédita situación procesal, evitase su presencia y delegase la lectura de la memoria anual de la fiscalía en su subordinada, María Ángeles Sánchez Conde. Tanto en los corrillos posteriores a la sesión como en los formados el 3 de septiembre después de la toma de posesión de los presidentes de las Salas Segunda y Tercera del Supremo, fiscales y magistrados suponían que una vez abierto juicio oral al fiscal general y señalada la vista, él renunciaría para eludir el precedente pernicioso de que el titular de un órgano de relevancia constitucional —la Fiscalía General del Estado— se mantenga en el cargo al tiempo que afronta su enjuiciamiento penal.

La especie de que la magistratura en España y un alto porcentaje de fiscales son un residuo radioactivo del franquismo encapsulado en el sistema constitucional, según salmodia del Gobierno y de la izquierda, no resiste un análisis objetivo. En 1975 el número de jueces y magistrados en España era de poco más de 900 —ahora su número asciende a 5.343—. A diferencia de lo que ocurrió en el inicio de la

Segunda República, no existió la más mínima demanda de «depuración» en el ámbito judicial. Se suprimieron las llamadas jurisdicciones especiales —el Tribunal de Orden Público; luego las magistraturas de Trabajo; se devolvió a la jurisdicción ordinaria el fuero de la justicia militar para determinados delitos, como los de terrorismo—. Pero los titulares de los órganos judiciales, según los trabajos incansables y pormenorizados del sociólogo de la justicia en España José Juan Toharia, discípulo aventajado de Juan J. Linz, estaban alineados con el «espíritu de cambio», existía una homologable pluralidad ideológica en su colectivo, predominando, incluso, «opiniones y actitudes claramente liberales y progresistas».

Ocho de cada diez españoles, el 79 por ciento, creen que no existe probabilidad alguna de sobornar a un juez —similares porcentajes respecto de los miembros de los Cuerpos y Fuerzas de Seguridad del Estado—, mientras que el guarismo desciende de manera espectacular cuando se refiere a la posibilidad de perpetrar un cohecho en el ámbito municipal y ministerial. Es relevante el dato de que solo el 57,8 por ciento de los magistrados está asociado a alguna de las seis asociaciones profesionales judiciales existentes, siendo la Profesional de la Magistratura la más nutrida —26,4 por ciento—, seguida de la Francisco de Vitoria —16,6 por ciento— y la de Jueces y Juezas para la Democracia —8,1 por ciento—. El resto se ha integrado en otras agrupaciones muy minoritarias y, en algún caso, meramente testimoniales.

Es relevante también la masiva incorporación de las mujeres a la judicatura española: el 56,3 por ciento de los togados son mujeres. Ocurre que las mujeres están tardando, también por razón de edad, dada su más reciente incorporación a la carrera, en alcanzar los puestos de más alta graduación en el Poder Judicial, aunque en este momento sea una magistrada de la Sala Tercera, Isabel Perelló, la que ostenta por elección del Consejo General del Poder Judicial la presidencia de este órgano de gobierno de los jueces y la del Tribunal Supremo. Nuestro país, no obstante, es el cuarto por la cola de la Unión Europea en el número de mujeres en la cúspide judicial. Hay que tener en cuenta que el 67 por ciento de los jueces es menor de cuarenta años y solo el 39 por ciento es mayor de sesenta —la jubilación está fijada en los setenta años, prorrogable a los setenta y dos—. La edad media de jueces y magistrados se sitúa en 47,8 años, no muy lejos de la media de la población española, que es de 44,1. Además, tres de cada cuatro ciudadanos consultados, el 74 por ciento, opina que los jueces están bien preparados y son competentes en el ejercicio de sus funciones.

Pese a todo, es cierto que la funcionalidad de la justicia resulta muy criticable para la ciudadanía por la lentitud de la resolución de los procedimientos. En 2023 alcanzaron la cifra de casi siete millones, resolviéndose poco menos de seis millones y medio, quedando un remanente acumulado sin concluir de casi cuatro millones. La tasa de pendencia es, en consecuencia, alta. La justicia española es la sexta más lenta de la Unión Europea en resolver en primera instancia asuntos civiles, penales o administrativos, la quinta con una proporción más baja de jueces por cada 100.000 habitantes y la undécima del total de los 27 países de la Unión Europea en gasto público por habitante para inversiones en Justicia. Las transferencias en esta materia a algunas comunidades autónomas trastocan las condiciones igualitarias de la oficina judicial y han establecido compartimentos estancos —por ejemplo, en los sistemas informáticos— y creado agravios comparativos en la disposición de medios en juzgados y tribunales. Un asunto delicado.

El grave problema del Poder Judicial en nuestro país no es el que un amplio sector de la izquierda política y el Gobierno pretenden transmitir, esto es, su politización, su carácter reaccionario, su vinculación emocional al franquismo… y, en definitiva, la existencia de *lawfare*. El problema es de medios, pero no de competencia, ni de solvencia, ni de fiabilidad. Tampoco es un cuerpo endogámico. No hay una casta judicial que tienda a autorreproducirse de generación en generación. Como explica Juan José Toharia, solo el 7 por ciento en promedio de los nuevos jueces —un 5 por ciento en la última promoción de 2023— procede de ámbitos familiares relacionados directamente con lo judicial. La mayoría —el 74 por ciento en la última promoción— no tiene ninguna vinculación previa con las profesiones jurídicas.

Lo que ha sorprendido al régimen de Sánchez es la cohesión de jueces y magistrados en el entendimiento de su función constitucional —juzgar y hacer ejecutar lo juzgado—, el llamado «espíritu de cuerpo» en el mejor sentido de esos términos, la resistencia ante las presiones de todo orden y la convivencia entre ellos, normal y distendida, a pesar de las legítimas diferencias ideológicas. Es muy expresivo el dato de que ningún juez o magistrado ha comparecido, pese a ser citado, en las comisiones parlamentarias constituidas en el Congreso y en el Senado. El Consejo General del Poder Judicial acordó en el pleno de 21 de diciembre de 2023 que las cámaras legislativas debían abstenerse de convocar a jueces y magistrados a declarar en comisiones de investigación sobre hechos que hubieren conocido en su función jurisdiccional, porque les vincula el secreto, advirtiendo que el Consejo se encargaría de no autorizar sus comparecencias.

La incursión de jueces, magistrados y fiscales en la política con cargos de relevancia representa, todo hay que decirlo, una anomalía no tanto porque deba vetarse su acceso al ejercicio de un cargo de designación política como porque sería preciso, como ya apunta la legislación más depurada, que el regreso de esos cargos políticos a la actividad jurisdiccional debería aplazarse un tiempo razonable para que la ciudadanía se desprendiese de cualquier suspicacia sobre su independencia e imparcialidad en su función jurisdiccional. Pedro Sánchez ha incluido en sus gabinetes a varios. Además de la fiscal Dolores Delgado, Juan Carlos Campo es magistrado de carrera y desempeñó la cartera de Justicia; Margarita Robles, exmagistrada de la Sala Tercera del Supremo, es la titular de Defensa y el expresidente de la Sala Penal de la Audiencia Nacional, Fernando Grande-Marlaska, es ministro del Interior desde 2018, el que más tiempo lleva desempeñando el cargo en democracia.

Quizá por esta presencia política de magistrados tan sustancial en el Gabinete de Sánchez hasta el 89 por ciento de los ciudadanos cree que existen por parte de los partidos políticos presiones sobre los jueces; el 86 por ciento las atribuye al Gobierno de turno; el 84 por ciento, a las empresas y grupos económicos y el 62 por ciento, a los medios de comunicación. Sin embargo, solamente el 9 por ciento de los jueces y magistrados dice haberse sentido víctima de presiones de la prensa, la radio o la televisión; nada más que un 3 por ciento reconoce esa presión desde los partidos y solo un 1 por ciento dice haberse sentido presionado por los gobiernos de turno. Datos todos ellos que delatan una percepción bien diferente entre los ciudadanos —convencidos de las presiones a los jueces— y la de los propios funcionarios, que no se sienten concernidos por ellas. La primera sensación, la ciudadana, remite al «efecto declarativo», es decir, a suponer que las constantes críticas de los políticos y del Gobierno hacen mella en los jueces. Y la segunda, a que estos funcionarios se perciben como colectivo firme en su misión, ajeno a las presiones e influencias que puedan apartarles de actuar conforme a la deontología judicial, resiliente, incluso, al clima muy denso de denuncia de su actuación con directas acusaciones de *lawfare*.

La batalla gubernamental contra el Poder Judicial, sin embargo, no atiende a razones por evidentes que sean. Infiltrar juzgados y tribunales con jueces con un sesgo «progresista» y romper el supuesto «conservadurismo» de la magistratura son los objetivos de una batería de proposiciones y proyectos de ley de gran calado impulsados desde el Ministerio de Justicia, Presidencia y Relaciones con las Cortes. Ya ha sido aprobada la llamada ley de «eficiencia procesal», con gran polémica y cuestionables resultados. En cambio, la norma que intentaba limitar la acción popular —y, de hecho, retroactivamente dejaba sin efecto las instrucciones penales contra Begoña Gómez y David Sánchez— se ha congelado por las discrepancias insalvables entre los socialistas y sus socios parlamentarios. Sigue en curso el propósito de alterar el modelo de instrucción penal que les correspondería a los fiscales. Esta reforma de la Ley de Enjuiciamiento Criminal es también muy improbable en el corto y medio plazo, pero podría llegar a aprobarse si la XV legislatura continúa hasta 2027. También la modificación, tan insatisfactoria, del Estatuto Orgánico del Ministerio Fiscal, que no cambia como debiera el procedimiento del nombramiento de su titular. La única medida destacable en el proyecto de ley es que se amplía el mandato del fiscal general hasta los cinco años, superando el tiempo de la legislatura —cuatro años—. Es una reforma claramente insuficiente no solo ante las demandas de los informes de la Unión Europea y del Grupo de Estados contra la Corrupción (GRECO), sino, sobre todo, si se pretende que la futura instrucción penal por los fiscales sea mínimamente confiable.

Pero la ley estrella de Félix Bolaños es la denominada «Para la ampliación y fortalecimiento de las carreras judicial y fiscal» —epígrafe pomposo, eufemístico y tramposo— que se justifica en etéreas «nuevas realidades» y «demandas sociales emergentes» sin que se expliquen cuales serían aquellas y estas. Los jueces y magistrados —también los fiscales— han reaccionado a esta prevista ley con una fuerte contestación hasta el punto de convocar huelgas y concentraciones que en el mes de julio de 2025 llegaron a paralizar hasta el 35 por ciento de las vistas orales señaladas.

Los jueces españoles han llevado a Bruselas su inquietud de que esta ley propicie una desprofesionalización, con resultados ya conocidos en algunos países, como Hungría y Polonia. El Consejo General del Poder Judicial, por unanimidad, emitió el informe preceptivo al anteproyecto en marzo de 2025 con fuertes reparos críticos, no atendidos por el Ministerio de Justicia. A fin de cuentas, el Gobierno no pretende otra cosa que relajar los principios de mérito y capacidad en la selección de los jueces y fiscales cambiando las pruebas de ingreso, ampliándolo por el cuarto turno —sin oposición—, regularizando a más de un millar de jueces ahora interinos y obligando a que la preparación de los opositores se realice en un centro *ad hoc* bajo el control gubernamental.

El gran escollo que se plantea para que el proyecto sea aprobado no consiste solo, ni quizá principalmente, en la resistencia de la mayoría de los jueces y fiscales, sino en las contrapartidas que reclaman los secesionistas catalanes para respaldar la ley. En concreto, Junts ya ha hecho saber que su voto favorable a la norma depende de que en ella se incluya la creación de un Consejo Judicial de Cataluña que sustituya en la comunidad al Consejo General del Poder Judicial y que se suprima la Audiencia Nacional. Con la exigencia del consejo de ámbito catalán los secesionistas pretenden rescatar su vieja reivindicación que el Tribunal Constitucional eliminó del Estatuto de 2006 que ya preveía este organismo, pero que infringe de forma flagrante el artículo 117 de la Constitución —«la justicia emana del pueblo y se administra en nombre del Rey»—. Quebrar la unicidad del Poder Judicial sería tanto como hacerlo con la soberanía nacional. Con la petición de que se suprima la Audiencia Nacional, los independentistas tratan de vincular este órgano jurisdiccional al Tribunal de Orden Público franquista. Por el momento, ninguna de esas dos reivindicaciones ha sido acogida por el Gobierno, pero no hay que descartar que lo sean en el futuro si esas peticiones se plantean como condiciones *sine qua non* para seguir apoyando, aunque sea reticentemente, la continuidad de la XV legislatura.

La gran batalla del sanchismo contra el Poder Judicial se ha dado en la renovación de su Consejo. El mandato del presidente y los vocales del anterior órgano de gobierno de los jueces concluyó en diciembre de 2018, pero el desacuerdo irresoluble del PSOE y PP para renovarlo lo bloqueó hasta junio de 2024. Manuel Marchena pudo ser su presidente y del Supremo, pero su dignidad personal y profesional le hicieron declinar la oferta que le planteó el mismo Sánchez en una reunión en la Moncloa. Carlos Lesmes, después de intentar infructuosamente entre 2018 y 2022 que los dos partidos cumpliesen el mandato constitucional de renovar el Consejo, renunció a seguir en su presidencia en un intento, también frustrado, de romper el impase. Le sustituyó, en funciones, Vicente Guilarte, que capeó el temporal entre 2022 y 2024. El espectáculo de disenso institucional serpenteó descaradamente en un tira y afloja constante.

La mentalidad clientelar en la provisión de órganos colegiados era el fondo de pantalla de la crisis de constitucionalidad que se fraguó. También el sistema de elección de los vocales judiciales, doce de los veinte, que, según los estándares europeos, deberían ser designados por sus colegas y los otros ocho por las cámaras legislativas. El Gobierno y la izquierda se resistieron, siguen haciéndolo, a cumplir con el paradigma electivo de los consejos judiciales en Europa. El actual procedimiento gubernamental y partidista de designar a los vocales permanece desde que lo instaurase la Ley

Orgánica del Poder Judicial de 1985, sustituyendo a la de 1980. Todo este episodio trasparentó otra versión de la profunda deslealtad, en esta ocasión también de la oposición, al espíritu de la Constitución.

Por fin, el acuerdo fue posible por la mediación del comisario de Justicia de la Unión Europea, Didier Reynders. Se firmó en junio de 2024 también en presencia de la vicepresidenta de la Comisión, Vera Jourová. Fue una muestra de la alarmante incapacidad de regeneración autónoma del sistema político nacional. El pacto a tres bandas desembocó en el nombramiento de Isabel Perelló como presidenta del órgano de gobierno de los jueces y del Supremo. El Gobierno, a través de Félix Bolaños, impuso que fuera una mujer, pero la elegida no era exactamente la que el ministro deseaba. Isabel Perelló Doménech no formó parte del *casting* de la Moncloa, que tenía en mente otras candidaturas. Pero Perelló, discreta, en su momento afiliada a la Asociación de Jueces y Juezas para la Democracia y, por lo tanto, de trayectoria progresista, fue la solución para resolver el riesgo de otro bloqueo en el recién nombrado Consejo General del Poder Judicial.

La nueva presidenta —elegida en septiembre de 2024 por 16 votos de los 20 vocales del Consejo— representa un exacto paradigma de funcionaria judicial. Fue jueza de primera instancia en Baleares, se especializó en lo contencioso-administrativo desempeñando su función en el Tribunal Superior de Andalucía, luego en la Audiencia Nacional y, desde 2009, en la Sala Tercera del Tribunal Supremo. Por eso fue acogida, en general, con respeto, pero también con una distanciada expectativa. En los meses siguientes a su elección, Isabel Perelló, quizá en el momento más oscuro de la democracia, con ataques constantes del Gobierno al Poder Judicial y con la hostilidad manifiesta de la izquierda contra jueces y magistrados, dio la talla. De las muy pocas declaraciones que ha proferido, algunas han merecido el reconocimiento de sus compañeros y de amplios sectores académicos, universitarios y mediáticos.

La primera fue su discurso en la apertura del año judicial el 5 de septiembre de 2024. Ante el Rey y ante Félix Bolaños, advirtió de que «el Poder Judicial es diseñado en nuestra Constitución como un auténtico Poder, al lado del Ejecutivo y del Legislativo, con su independencia blindada y con un órgano de gobierno propio con plena autonomía». Y añadió que «las resoluciones judiciales son susceptibles de crítica y es, precisamente, la posibilidad de criticar [...] lo que hace a una sociedad libre, abierta y plural [...]. Pero críticas y discrepancias nada tienen que ver con la descalificación o el insulto». Parecidas palabras, quizá más rotundas, las pronunció en la apertura del año judicial de 2025. Se interpretaron como contestación a las críticas del presidente del Gobierno proferidas el 1 de septiembre en RTVE contra los «jueces que hacen política», en referencia a los instructores de causas penales contra su mujer, su hermano y el fiscal general del Estado. Sánchez las reiteró dos días después en declaraciones al periódico británico *The Guardian*.

El otro sonado aldabonazo de la presidenta fue el 23 de enero de 2025, también ante el Rey, Bolaños e Illa, en el acto de entrega de los despachos a los nuevos jueces en la Escuela Judicial de Barcelona. Perelló advirtió, frente a los propósitos del Gobierno de alterar el sistema de acceso a la judicatura:

> [El actual sistema] es democrático, en cuanto garantiza que cualquier persona, de cualquier procedencia y origen social y cualquiera que sea su ideología, puede competir en igualdad de condiciones […]. Las pruebas de acceso son públicas, de modo que cualquier ciudadano puede presenciarlas […]. Los criterios de valoración son transparentes y objetivos. En su primera fase […] son totalmente anónimas […].

No se quedó ahí Perelló en la respuesta al ministro de Justicia, porque, de nuevo, constató críticamente lo siguiente:

> [Los jueces y magistrados] viven tiempos en los que, ya sea por desconocimiento o por otras razones, en lo que se refiere al Poder Judicial se vierten críticas totalmente infundadas al ejercicio de la función jurisdiccional por jueces y magistrados. Por ello, no son aceptables los reproches y censuras gratuitos que tienen como fin debilitar al Poder Judicial.

Apuntó con tino la presidenta a los comportamientos dinamiteros del Gobierno y del PSOE. No se esperaba la

Moncloa que Isabel Perelló hablase con una claridad tan meridiana. Ni tampoco el éxito, suyo y del propio Consejo, de aprobar, en la mayoría de casos por unanimidad, la provisión de plazas vacantes en tribunales, en las distintas salas del Supremo y sus presidencias, duplicando el número de mujeres en el Alto Tribunal. Tampoco se esperaba el ministro de Justicia que las dos candidatas preferidas de la Moncloa para presidir las Salas Segunda y Tercera —Ana Ferrer y Pilar Teso— antepusieran su responsabilidad profesional en el mantenimiento del buen funcionamiento del Tribunal Supremo a sus legítimas aspiraciones. El 17 de julio de 2025, retiraron sus candidaturas y dejaron expedito el camino para que Martínez Arrieta presida la Penal —lo hacía en funciones— y Pablo Lucas, la Contencioso-Administrativa —lo hacía también en funciones—. Otro ejemplo, especialmente significativo, de la trabazón interna de la judicatura ante un Gobierno provisto de los peores prejuicios e intenciones sobre su papel constitucional. Aunque la retirada de Ferrer y Teso se interpretó como un fracaso de Félix Bolaños, sería más certero asegurar que resultó un éxito de la propia magistratura.

La judicatura, en su actual conformación, es un poder que debe ser controlado según los planes inmediatos del Gobierno. Ha puesto sobre la mesa reformas estructurales que desmantelarían desde el modelo de proceso penal hasta la libertad de expresión de los jueces y magistrados, pasando por la neutralización de sus asociaciones profesionales. Esta avalancha de medidas apela al órgano de gobierno de los jueces. Isabel Perelló está logrando armar un buen discurso judicial y conducirse de un modo integrador en el Consejo, de modo que, cuando más se ataca al Poder Judicial, más resistente y sólido se comporta.

Al Poder Judicial en España no le ha llegado todavía lo peor del sanchismo si Sánchez resiste en la Moncloa hasta 2027. Están en curso asuntos críticos: la consideración de la amnistía en los tribunales europeos; la instrucción del caso que implica a José Luis Ábalos, Santos Cerdán y Koldo García en graves delitos de corrupción; la conclusión de las investigaciones a Begoña Gómez y su eventual juicio oral; la suerte judicial de David Sánchez, cerrado ya el procedimiento solo pendiente de enjuiciamiento en la Audiencia Provincial de Badajoz, y la aprobación, o no, de la batería de leyes patrocinadas por Félix Bolaños que comprometen la independencia de jueces y tribunales, quebrando el actual sistema de su funcionamiento y acceso. La suerte judicial del fiscal general del Estado marcará también un hito que concernirá decisivamente al contrapoder que, hasta ahora, ha sido la más eficiente contención a la expansiva y autoritaria implantación del régimen sanchista.

6

SÁNCHEZ Y LA PRENSA

«He aprendido a odiar sinceramente la política, que siempre tiene que exagerar las cosas, que trastoca las palabras por consignas y el dogma por la hipérbole, y he aprendido a odiarla como el polo opuesto a la justicia».

«Pedro Sánchez ha resultado no ser un dirigente cabal, sino un insensato sin escrúpulos que no duda en destruir el partido que con tanto desacierto ha dirigido antes que reconocer su enorme fracaso». Este juicio de valor, rotundo, era el contenido nuclear del editorial de *El País* del 1 de octubre de 2016 titulado «Salvar al PSOE». Ese día Sánchez renunció a la secretaría general del PSOE, luego al acta en el Congreso, se constituyó una gestora en Ferraz que encabezó Javier Fernández, expresidente de la Junta del Principado de Asturias, un hombre íntegro. Se convocaron primarias para elegir al nuevo secretario general y el madrileño decidió dar la batalla y presentarse para ganárselas en 2017 a la candidata oficial, Susana Díaz, y al espontáneo irrelevante, Patxi López.

Casi nueve años después, el 17 de marzo de 2025, el presidente de la sociedad editora de *El País*, el Grupo Prisa, Joseph Oughourlian, publicó en el periódico un artículo titulado «Mi compromiso con *El País*: libertad editorial e independencia». El texto también tenía una idea fuerza como el editorial de 2016:

> Una sociedad sana, democrática, necesita unos medios de comunicación fuertes e independientes que defiendan los derechos y las libertades de los ciudadanos más allá de intereses políticos o económicos. Una necesidad que ahora se ha puesto más de manifiesto que nunca para tratar de contrarrestar el aluvión de *fake news*, de los excesos que se producen en una sociedad que vive enajenada por la crispación que nace de la polarización política y cultural. Pero, sobre todo, para responder a las injerencias gubernamentales que cada día se hacen más evidentes en todo el mundo y que van contra la buena praxis democrática. En este contexto, sería inaceptable que, cuando estamos recordando que hace ya 50 años murió el dictador Francisco Franco, alguien cayera en la tentación de tratar de adueñarse de un medio de comunicación independiente desde el poder, bien directamente, bien utilizando alguna empresa estatal como instrumento.

Entre los dos textos periodísticos, ambos publicados en *El País*, habían transcurrido casi nueve años. En el de 2016 se le calificaba a Sánchez como un «insensato sin escrúpulos» y en el de 2025, si bien de forma elíptica, de «franquista». En el texto del financiero todas las demás líneas a las transcritas eran mera guarnición del denuesto contra el socialista. ¿Qué había ocurrido, en el tiempo que mediaba entre la primera y la segunda descalificación, entre el Grupo Prisa y el presidente del Gobierno y secretario general del PSOE? Nada diferente a lo que podría entenderse como una historia de amor y de odio que terminaba mal porque ni el amor ni el odio son ingredientes para un periodismo de largo recorrido.

El editorial «Salvar al PSOE» se llevó por delante al director de *El País*, Antonio Caño, en junio de 2018, cuando el socialista se hizo con la presidencia del Gobierno mediante la exitosa moción de censura a Mariano Rajoy. Luego fue despedido de la empresa en junio de 2021. Venganza a plazos. Inmediatamente antes de la publicación del artículo de Oughourlian, en febrero de 2025, el consejo de administración del grupo editorial había cesado al consejero delegado de Prisa Media, responsable del diario y de la cadena SER, Carlos Núñez, y al director de contenidos, José Miguel Contreras. Y en junio de 2025, el editor franco-armenio destituyó a la directora del diario, que lo era desde 2021, Pepa Bueno, y a la de contenidos de la cadena SER, Monserrat Domínguez. La primera no recibió una oferta para continuar en la empresa, como era tradición en la casa con los directores cesados o dimitidos, y en julio de 2025 fue fichada por TVE para conducir su principal informativo, el de las 21 horas. La segunda rechazó la propuesta de dirigir uno de los medios digitales del Grupo.

La razón de esta escabechina remite no a una causa, sino a varias. La más obvia resultó ser la, en apariencia, huérfana iniciativa de que Prisa se hiciese con una emisora de TV en abierto por concesión administrativa del Gobierno y, en una especie de *joint venture* con el PSOE de Sánchez, ofrecerle más cobertura mediática de la que entonces disfrutaba. Núñez y Contreras habrían sido los urdidores de una operación a espaldas del presidente del Grupo, al que pareció una «locura» (sic) que la compañía asumiera ese nuevo negocio que hasta para los más legos semejaba ruinoso. Aunque esta versión adolezca de cierta inverosimilitud, es la que se ha dado por buena. Antes de ese episodio las relaciones de Sánchez con Oughourlian ya se habían resentido. A pesar del apoyo sin fisuras que *El País* y la SER prestaban al «Gobierno progresista», a Sánchez le inquietaba la inestabilidad propia de un fondo de inversión como principal accionista del Grupo —Oughourlian es uno de los socios del fondo británico Amber Capital—.

En un primer momento se cuidó de incluir a Prisa en el listado de empresas estratégicas para controlar adquisiciones extranjeras de su capital que superasen el 10 por ciento —facultad que ya ejerció evitando que el grupo francés Vivendi aumentase su participación—; más tarde, en una conversación en la Moncloa, Sánchez reclamó el nombramiento de un vicepresidente español en el consejo de administración en sustitución del colombiano Fernando Carrillo. Oughourlian no accedió.

Para entonces la figura central de la estrategia de vinculación entre Sánchez y el Grupo Prisa ya había fallecido. El brillante Miguel Barroso sufrió un accidente cardiovascular el 13 de enero de 2024 al poco de regresar a Madrid de un viaje a La Habana, ciudad a la que se sentía muy vinculado por su anterior trabajo en el grupo de comunicación y publicidad WPP. Se le veía feliz, siempre en su discreción y lejanía, en su nuevo matrimonio con una médico anestesista que se vino de Cuba. Barroso era inteligente y ambicioso, pero en la expresión de lo primero y en la simulación de lo segundo siempre fue hábil. Buenas maneras, capacidad expositiva, análisis crítico de las situaciones conflictivas y una gran determinación ideológica coincidente, primero, con el zapaterismo y luego con el sanchismo. Fue el fondo Amber el que le colocó en el consejo de administración de Prisa, con galones editoriales, y en quien depositó toda la confianza en el desarrollo de la estrategia de los medios del grupo.

Barroso tenía un plan: que una sociedad de accionistas españoles, con una participación minoritaria, se hiciera con los medios de Prisa; incluso le bastaba con el diario *El País*; que se saldase la voluminosa deuda de la compañía con la enajenación del activo más rentable, Santillana, y, así, que Oughourlian se resarciese con ganancias de lo invertido y regresase a sus lares. Jugaba con una ventaja: los accionistas de Amber ni conocían la política española ni tenían remota idea de pilotar editorialmente el primer periódico de España, referencia de la Transición de manera transversal y de la izquierda amplia en particular. El que fuera secretario de Estado de Comunicación con Rodríguez Zapatero sabía cómo pastorear los egos de la redacción, tranquilizar al consejo, transmitir de ida y de vuelta los mensajes a la Moncloa. En definitiva, era el estratega de una operación que con él podría haber prosperado —el control de *El País* y su estrecha vinculación con el sanchismo—, pero que sin él se demostró inviable. Porque, aunque Carlos Núñez tenía hechuras de gestor, su juventud suscitaba escepticismo; Contreras siempre estuvo a la sombra de Barroso y no dejó de ser un personaje instrumental, una condición subalterna que no siempre llevó airosamente. Ambos fueron seleccionados por él, como Pepa Bueno, que reunía una serie de características personales y profesionales que le encajaban en su puzle.

Al velatorio de Barroso acudió Rodríguez Zapatero, sinceramente afectado por su fallecimiento. Y allí estuvieron ministros y cargos del PSOE, personalidades de ámbitos culturales, periodísticos y empresariales. El expresidente, que estuvo largo rato en el tanatorio, afirmó sin levantar la voz, pero de manera audible: «Estos —en referencia a los ministros— no saben lo que han perdido con la muerte de Miguel». Así era. Año y medio después, saltó por los aires la relación entre Prisa y la Moncloa. Con escasas posibilidades de arreglo, aunque Oughourlian entró con Amber, compensatoriamente, en sociedades con participación pública, como Indra, y no faltaron mediadores que, solícitos, trataron de componer sus estropeadas relaciones con Sánchez.

No hubo caso, porque el franco-armenio se puso más a la defensiva cuando el Gobierno entró en Telefónica con el 10 por ciento del capital, fulminó a José María Álvarez-Pallete y nombró presidente de la compañía a Marc Murtra en enero de 2025 y en febrero, vicepresidente al muy estrecho amigo de Sánchez Carlos Ocaña. En ese juego de sillas, Javier de Paz, un incombustible hombre de adhesiones políticas consecutivas, se sentó en la presidencia de Movistar a primeros de marzo. Y se encendieron las alarmas. El presidente de Prisa decidió tirarse a la piscina —quizá comprobó que disponía de un razonable nivel de agua— y poco después del nombramiento de Paz en la plataforma de Telefónica le propinó a Sánchez un ruidoso bofetón político: le tildó de franquista.

Este episodio es crucial porque Sánchez, quizá por esa pulsión narcisista que tanto le caracteriza, está obsesionado con los medios de comunicación. A partir de abril de 2024, tras la apertura del procedimiento penal a su mujer y ya con serios indicios de corrupción en su entorno —José Luis Ábalos, principalmente—, intentó blindarse. Convocó en noviembre y diciembre de 2024 el XLI Congreso extraordinario del PSOE en Sevilla para ser reelegido por aclamación y, ya en el primer trimestre de 2025, consumó la operación de entrada en Telefónica, forzó la máquina para que Prisa se hiciera con la televisión en abierto y precipitó los planes que Miguel Barroso tenía en cartera. El control del partido y de determinadas empresas mediante la participación en su capital de la SEPI —el caso de Telefónica— requería otro control adicional: el mediático. Pero Prisa se le va de las manos por más que la rectificación del énfasis editorial de adhesión y defensa del sanchismo no haya sido llamativa. *El País* mantiene ahora, después de la colisión de su presidente con la Moncloa, una línea zigzagueante e insegura.

Desde 2018 hasta 2024 en el diario de Prisa se produjo una metamorfosis evidente que Fernando Savater relató en un pasaje de su ensayo *Carne gobernada. De política, amor y deseo*, prepublicado en *El Confidencial* el 22 de enero de 2025. Escribía el filósofo donostiarra:

Los primeros años mi periódico conservó su línea socialdemócrata habitual, apoyando a los socialistas —recuerden: ¡aquellos socialistas! —, desconfiando algo menos de lo debido de los neocomunistas y oponiéndose, aunque sin demasiada acritud, a los separatistas. Pero hubo un vuelco en el partido socialista y finalmente ocurrió lo peor que le ha pasado en toda su larga y polémica historia: se encontró sometido al liderazgo caudillista de Pedro Sánchez. Cuando escribo estas atribuladas líneas, ahí seguimos. Uno de los primeros efectos de este pernicioso liderazgo fue el brusco desahucio por motivos indiscutiblemente sectarios (un editorial crítico con Pedro Sánchez) de la cúpula directiva de nuestro periódico: Antonio Caño y su equipo de gente tolerante y muy profesional desapareció por el sumidero del nuevo régimen de un día para otro, sin explicaciones. De ser un diario progresista, de centro izquierda, con las virtudes y defectos propios del caso, pasó a convertirse en un portavoz gubernamental y del peor Gobierno que ha tenido la democracia española desde la muerte del dictador. Eso naturalmente socavó el prestigio del periódico, que de ser el diario de referencia pasó a convertirse en un risible epítome de la prensa al servicio de la política [...].

Savater añadía que la «colonización ideológica del periódico por el PSC» y «la desafortunada invasión femenina» habían corroído al diario. Su directora, Pepa Bueno, no tuvo otro remedio que despedir al filósofo después de haberlo evitado en ocasiones precedentes. Quizá el autor de tan buenos libros, el escritor con revoleras argumentales tan brillantes y el analista agudo y sagaz creyó que su presencia en *El País* suponía una coartada para lucir pluralidad, lo que le garantizaba la estancia en sus páginas. Erró el cálculo, porque aquellos juicios de valor no eran compatibles con su continuidad en el medio.

Savater pasó a convertirse en el referente más acabado de las figuras «rojipardas» denostadas por una legión de iconoclastas autoestimados como intelectuales que, con un tono inquisitorial y arribista, desprecian cuanto ignoran y arrasan todo pasado por el hecho de ser anterior o, simplemente, no convenirles. Ocurrió en *El País* lo que en el PSOE. El sanchismo periodístico es una variable del político y al final el resultado es la ruptura, la quiebra con las secuencias históricas. O, en otras palabras, el itinerario de los últimos años de *El País* es especialmente aleccionador porque su significación es paralela a la del socialismo: el abandono de su identidad y, consiguientemente, su deambular errático.

El recambio generacional en el periodismo de la izquierda no fue diferente al que se produjo en el territorio de la política. Resultó interesante, por sintomático, el libro de Ignacio Sánchez-Cuenca titulado *La desfachatez intelectual* y con el subtítulo *Escritores e intelectuales ante la política*. El relato se publicó en 2016, cuando ya se olfateaba el agotamiento ideológico de una amplia gama de referentes de la izquierda que parecían localizar sus argumentarios más en el pasado que en el futuro. Sánchez-Cuenca, politólogo que con el tiempo ha llegado a ser uno de los intelectuales orgánicos del sanchismo, precisamente desde las páginas de *El País* y de *La Vanguardia*, arremetió sin cobijarse en ningún recurso prudencial contra Jon Juaristi, Fernando Savater, Félix de Azúa, Javier Cercas, Antonio Muñoz Molina, César Antonio Molina y Luis Garicano, entre otros. Todos ellos practicarían la «desfachatez intelectual», que sería una forma de expresarse prepotente, a veces ignorante y siempre sin matices ni dudas. Además, todos ellos se habrían derechizado, entrometiéndose en exceso en la conversación pública con modos dogmáticos.

Esos autores fueron firmas de autoridad en *El País* —Cercas y Muñoz Molina siguen en sus páginas—, diario sobre el que, decepcionado, se pronunciaba Sánchez-Cuenca en su libro: «Durante los años de la crisis me fui desencantando de *El País*, que ha llegado a convertirse en un periódico que me resulta totalmente ajeno en sus planteamientos, prioridades y firmas. Lo mismo les ha ocurrido a numerosos viejos lectores del periódico y, de otra manera, a muchos jóvenes que ya no se molestan ni en conocerlo». Ocho años antes del alegato de Savater contra *El País* en su ensayo *Carne gobernada* Ignacio Sánchez-Cuenca lo impugnó exactamente por las razones contrarias a las del filósofo en otro ensayo tan detonante como el del donostiarra.

¿Y ahora? Pues ahora, el autor de *La desfachatez intelectual* ha superado su desencanto con el diario de Prisa, en el que publica con frecuencia en su página de opinión más noble, mientras que Fernando Savater, Félix de Azúa, Antonio Elorza, Antonio Caño, Juan Luis Cebrián… se han refugiado en *The Objective*. Son los intelectuales «caoba», simétricos a los dirigentes, también «caoba», del PSOE. Rojipardos, nostálgicos, reaccionarios, intelectualmente agotados, referentes intelectuales vencidos…, mientras Sánchez-Cuenca y algún otro les han sustituido en su función oracular.

Ocurre, sin embargo, que los rojipardos, tipos que militaban en la izquierda, pero que habrían absorbido tesis de la extrema derecha, incluso del falangismo de Ledesma Ramos, se reproducen con un instinto de supervivencia irreductible. Ana Iris Simón, la joven autora de *Feria* y también colaboradora de *El País* —publica un artículo los sábados en sus páginas de opinión—, se ha convertido en la lideresa del «rojipardismo». O más exactamente, la autora manchega sería el exponente intelectual de la izquierdista «neorrancia». Todo sobre esta categorización intelectual está recogido en el libro colectivo titulado *Neorrancios. Sobre el peligro de la nostalgia*, publicado en 2022. Once autores, casi todos ellos firmas en periódicos digitales de izquierda, pero también de *El País*, se lanzan a la yugular de Ana Iris Simón.

Después de definir con precisión en qué consiste el rojipardismo —«Se dice que algo es rojipardo cuando convergen elementos de extrema izquierda y de extrema derecha que encuentran consenso en un enemigo común, el dogma neoliberal. En este territorio político, unos y otros, izquierda antigua y derecha nueva, se celebran y jalean mutuamente»—, la lluvia de descalificaciones a los «discursos anairisianos» es inclemente. *Feria*, según uno de los participantes en este aquelarre ensayístico, es un libro abominable porque «apela a los sentimientos morales más nobles de la gente para convencerla de embarcarse en un ejercicio de nostalgia reaccionaria».

Lo que duele, molesta e irrita a este grupo de denunciadores es que la temperamental y compleja Ana Iris

Simón, a la que sobredimensionan con sus ataques hiperbólicos y desmesurados, es que, además de publicar en el diario de referencia, oficiase de intelectual orgánica en la Moncloa y ante el propio Pedro Sánchez en el acto «Pueblos con futuro», uno más en el programa «España 2050», el 21 de mayo de 2021. Lo hizo con veintinueve años y embarazada. La reivindicación del pasado familiar como un tiempo feliz y mejor, el romanticismo ruralista de aquellos pueblos de los abuelos, evocadores de las infancias plácidas, la maternidad como una experiencia enriquecedora y creativa, incluso una nueva forma de religiosidad, todo a lo que ella apeló como deseable, no dejaba de ser para los que la impugnan las expresiones de una «nostalgia que es, en definitiva, el fracaso de la imaginación política».

Neorrancios es un libro que suma y sigue a *La desfachatez intelectual*. Ambos reniegan del *statu quo* intelectual de la izquierda fracasada, sin configurar una alternativa que no sea la propia denuncia. Ni siquiera tantean una alternativa y, así, se instalan en la intemperie. El esfuerzo inquisitorial, sin embargo, no ha sido del todo inútil: esta corriente de ideas —más emocional que racional— ha crecido con el sanchismo, lo está acompañando, se ha instalado en algunos medios y apunta a ese nihilismo en el que el «progresismo» se refugiará cuando el propio sistema que impugna no soporte su carga de hipocresía, contradicción y vaciedad.

El País sigue publicando firmas de una incuestionable calidad que no se han abstenido de formular críticas a las decisiones del Gobierno de Sánchez en los aspectos más sensibles. Son imprescindibles las de Tomás de la Cuadra-Salcedo, Ana Carmona o Pedro Cruz Villalón, entre otras, como la de Daniel Gascón. Pero no están en la corriente hegemónica del diario, al menos no todavía, transcurridos ya los primeros meses de la dirección de Jan Martínez Ahrens. Los buenos días de sintonía plena entre la Moncloa y Prisa no parece que regresen, más aún cuando el sanchismo ha entrado en una fase agónica que tanto podría cursar en un colapso como dilatarse hasta los linderos del fin de la XV legislatura. En todo caso, la dirección de la redacción de *El País* no impostó en absoluto la línea del periódico. Creía en Pedro Sánchez y se sintió en la obligación de defenderlo no solo por su gestión, sino porque lo percibió como el valladar a una alternativa peor, de derecha y ultraderecha, según lenguaje al uso. Sintieron sus profesionales estar cumpliendo una misión. Por eso, el «relato» del Gobierno progresista fue tanto una creación de la Moncloa como una recreación de los medios afines, entre ellos, sin duda, *El País* y la SER.

El hecho de que en la sede de la compañía en la calle Miguel Yuste de Madrid se recibiesen quejas y protestas por la falta de energía en la militancia sanchista creó el espejismo de que su entrega a la causa de Sánchez no era tan dócil como se percibía en la comunidad periodística y política. Pude comprobar ese estado de ánimo convencido de la razonabilidad de su posicionamiento editorial por la reacción de Pepa Bueno —con la que colaboré en la cadena SER durante años y a la que aprecio muy sinceramente— a uno de mis artículos en *El Confidencial,* publicado en marzo de 2025 y titulado «*El País* y Sánchez». En él opinaba lo siguiente sobre el diario:

[*El País*] ha sido hasta hace unos años, los anteriores al mandato de Sánchez, el intelectual orgánico de la izquierda española y de la socialdemocracia del PSOE refundado por Felipe González, pero también la referencia de una anchísima audiencia cultural. Esa su función en la conversación pública nacional arrancó en 1976 y ha dejado una huella profunda en las generaciones que protagonizaron la Transición y en las que, luego, se han ido incorporando a la experiencia democrática, hasta que la travesía de la dictadura a la libertad dejó de ser, a partir de la primera década de este siglo, un capital intangible para inspirar el buen ejercicio de la política española. Y si *El País* tuvo el indudable mérito de contribuir a la construcción de algunos de los paradigmas de nuestra democracia, es también *El País*, desde 2018 hasta el presente, el vehículo de la relativización de los principios constitucionales mediante la adhesión al progresismo populista de los gobiernos de Pedro Sánchez.

Y sostenía también:

Todo medio de comunicación tiene derecho a establecer en cada momento de su trayectoria los criterios editoriales e informativos que tenga por convenientes. Pero si los altera un periódico de naturaleza sistémica, como *El País*, resulta perfectamente explicable que se produzca un debate político, social y mediático sobre esa quiebra de la coherencia con los principios editoriales que, no obstante, se proclaman vigentes. Es algo parecido a lo que ha ocurrido en los Estados Unidos: nada menos que *The Washington Post*, propiedad de Jeff Bezos, ha dado un giro copernicano y de su adhesión a las políticas de los demócratas ha pasado a militar en las tesis próximas a Trump después de haber quebrado el uso editorial de emitir una opinión institucional sobre su apoyo a uno de los candidatos en las elecciones presidenciales. Su silencio al respecto se entendió sin dificultad: se trataba de no molestar al republicano si lograba la elección, como así ocurrió.

Me refería, asimismo, a la reacción del presidente de Prisa de calificar a Sánchez de «franquista», pero apostillaba:

Oughourlian calló cuando la compañía de su presidencia quedó bajo el paraguas gubernamental del llamado escudo «antiopas» o acción de oro que faculta al Gobierno hasta el 31 de diciembre de 2026 a autorizar o vetar adquisiciones de acciones de Prisa en un porcentaje igual o superior al 10 por ciento de su capital si el adquirente es extranjero. *El País* y la SER son medios «estratégicos» no, obviamente, por su dimensión financiera, sino por razones estrictamente políticas. La editora asumió esa condición regimental sin rechistar.

Por fin, me dolía, y era sincero al hacerlo, de que antes de esa denuncia del presidente de *El País* contra Sánchez otros muchos medios habían padecido y padecen de los rigores de la pulsión patrimonialista del socialista que ahora le alcanzaban a él y al periódico. Desde la normatividad autorreferencial de las páginas de información y opinión de *El País*, escribía:

Se ha asumido el lenguaje gubernamental contra los medios críticos y se han avalado todas las políticas del Gobierno. Todas. Sin una sola excepción. La pregunta, entonces, sería: ¿Por qué le sorprende al presidente de Prisa que el Gobierno, directa o indirectamente, quiera controlar sus medios? Está en la naturaleza de Sánchez pretenderlo porque es insaciable en su obsesión por manejar la «narrativa» y el «relato». Para él — ¿hay que descubrirlo ahora?— el ingrediente esencial de la política es la comunicación.

Y concluía:

Para conservar el poder Pedro Sánchez ha sacado a subasta al propio Estado. Ha pagado con patrimonio común —desde la amnistía hasta la pretensión de la condonación parcial de la deuda autonómica o de la delegación de las competencias en inmigración, ambas concesiones a la Cataluña presidida por Illa— su permanencia en la Moncloa. Ha orillado al Congreso, dictando de continuo decretos-leyes, ha colonizado las instituciones, gobierna sin Presupuestos, ha expulsado de la legitimidad ciudadana a millones de españoles demonizando su representación política en las Cortes Generales, está ensuciado por la proximidad de casos de corrupción gravísimos y negocia en el extranjero con un fugado de la justicia asuntos de Estado, de tal manera que su pretensión de hacerse con los medios del Grupo Prisa es un corolario natural, una consecuencia ineludible de su desordenada ambición. Se está comportando con el Grupo Prisa como lo hace con el Estado. Si este es suyo, ¿por qué no aquel? La cuestión es que, aunque Josep Oughourlian sea bienvenido al club de los convencidos ante la terquedad de los hechos, habrá de asumir que ha alimentado al personaje.

Pepa Bueno me respondió en privado a mis apreciaciones y, por eso, no desvelaré la textualidad de su contestación, aunque no vulnera su confianza constatar que ella creía que el periódico sí hacía una labor crítica al Gobierno de Sánchez y discrepaba, por lo tanto, de mis argumentos. Quizá el afecto que le profeso a Bueno y a otros compañeros de *El País* y de la SER me conduzca a un juicio que podría parecer contradictorio, pero que no lo es: durante estos años, el diario y en menor medida la radio de Prisa han carecido de un empresario-editor digno de tal nombre y han tenido que ser la dirección del periódico y sus cuadros de mando, por lo menos después del fallecimiento de Miguel Barroso en enero de 2024, los que, yendo más allá de sus responsabilidades editoriales, marcaran un rumbo sobre el que la empresa no se sentía concernida, pendientes sus principales accionistas de sus objetivos financieros, en los que el diario y la radio podían ser variables logreras en vez de fines en sí mismos.

Lo que hicieron Pepa Bueno y sus colaboradores fue manejar *El País* en una orfandad empresarial que siempre es peligrosa para los responsables editoriales. Es desalentador pero habitual: los dueños saltan a la palestra cuando, como en el caso de Joseph Oughourlian, comprueban que el negocio no puede soportar determinados peajes exigidos por el poder. En su caso, la TV en abierto que pretendía el Gobierno con el respaldo de Prisa y, acaso, la sospecha de que Telefónica, directamente o a través de otras lanzaderas, se hiciese con los medios de Prisa sin, previamente, cubrir la inversión y las ganancias del fondo Amber que también preside el franco-armenio. El error habitual de considerar los medios de comunicación como un negocio y no, prioritariamente, como un proyecto social, está en la raíz de la fragilidad crónica del sector.

En todo caso, la ruptura, todavía pendiente de evaluar, entre el Gobierno y Prisa activó desde finales de 2024 y principios del 2025 la opción de la radio y televisión públicas, postergadas en la estrategia mediática gubernamental.

Después de la renuncia del primer presidente de la corporación elegido por mayoría parlamentaria de dos tercios y previo concurso público de méritos, José Manuel Pérez Tornero, que se mantuvo en el cargo entre marzo de 2021 y septiembre de 2022, RTVE ha ido de tumbo en tumbo, sin modelo.

Ni Elena Sánchez, una profesional de la casa, ni la militante socialista Concepción Cascajosa, sucesoras de Pérez Tornero, lograron encontrar la medida a la radio y la televisión públicas. Ambas transitaron por la presidencia de RTVE entre polémicas y contradicciones hasta que la Moncloa tomó la decisión de, con la mayoría de la investidura, colocar en diciembre de 2024 a José Pablo López para que se hiciese con las riendas de un ente desnortado. Tan importante era el nombramiento del nuevo presidente de la corporación que la convalidación del decreto ley que modificaba la mayoría para la elección del consejo de RTVE se votó en el Congreso al día siguiente de la catástrofe de la DANA, el 30 de octubre de 2024, a pesar de la suspensión de toda otra actividad parlamentaria en señal de duelo institucional por las víctimas de la tragedia. Poco tiempo después, el Gobierno entregó el control de la segunda cadena pública al independentismo catalán.

La programación de TVE dio un vuelco. Se reclutaron profesionales externos decididamente partidarios del sanchismo y comprometidos con el régimen para dar la batalla informativa; se insertaron en la parrilla programas de entretenimiento para suministrar dosis discretas pero constantes de adoctrinamiento ideológico —*infoshow*— y se confrontaron franjas horarias con las cadenas privadas —en particular, con Antena 3— para recortar audiencias ajenas. Algunos de esos programas han fracasado en audiencia y han sido suprimidos. Pero la externalización de la producción y de la conducción de esos espacios ha provocado una seria polémica con los consejos profesionales de RTVE, por el momento con el regreso a los denominados «viernes negros», jornadas de protesta de los trabajadores de la plantilla de la entidad que, de este modo, critican estas prácticas. La decisión política de que el ente público sea un baluarte del sanchismo es irreversible, sin paliativos ya de discursos buenistas que celebren la objetividad que requiere la programación de una radio y una televisión que son servicios públicos financiados por los Presupuestos Generales del Estado. Cierto es que esta forma de manipular RTVE no ha sido exclusiva de los gobiernos de Sánchez, pero se ha agudizado a medida que el presidente iba registrando menor número de adhesiones en los medios.

No es probable que Pedro Sánchez esté en condiciones de repetir la gira mediática de julio de 2023. Durante la campaña electoral que culminó en la jornada del día 23-J, el socialista acudió a los programas de radio y televisión que le eran más adversos, se enfrentó en entrevistas arriesgadas con las «estrellas» de la radio y la televisión privadas y no salió mal parado. El reprís mediático del socialista, sin embargo, ha sufrido un apagón: entre mayo de 2024 y julio de 2025 no concedió ni una entrevista a medios españoles y restringió sus comparecencias ante la prensa, en muchas de las cuales no admitió preguntas. Rompió ese silencio con Pepa Bueno el 1 de septiembre de 2025, justo el día en el que la exdirectora de *El País* estrenaba su nueva responsabilidad de editora y presentadora del telediario de las 21 horas. Quedó así clara la apuesta política del Gobierno secundando la nueva etapa bajo su control de la radio y la televisión públicas.

El tránsito de la relativa cordialidad de Sánchez con los diarios, las radios y las cadenas de televisión a la actual animadversión hacia la mayoría de ellos se produjo el 24 de abril de 2024. En su «carta a la ciudadanía», que dio a conocer en las redes sociales y en la que comunicó su retiro de cinco días tras la apertura de diligencias penales de investigación a su mujer, rompió hostilidades con un muy amplio sector de los medios de comunicación. Lo hizo atribuyendo la publicación de las informaciones sobre las andanzas de Begoña Gómez a «medios de marcada orientación derechista y ultraderechista», y descargó sobre la «constelación de cabeceras ultraconservadoras» y sobre «la galaxia digital ultraderechista» toda la responsabilidad de haber puesto en funcionamiento «la máquina del fango». A todas estas expresiones se añadieron luego otras —«seudomedios» o «seudoperiodistas», por ejemplo— que terminaron por crear un neolenguaje presente en todos los argumentarios utilizados por los ministros y portavoces del PSOE. Sánchez, además, logró trazar una línea entre los medios y periodistas dignos de tal nombre y todos los demás. Llevó a la prensa la dinámica amigo-enemigo con una contumacia enrabietada.

No había recuerdo de que un político consiguiese crear un clima de confrontación en la comunidad periodística de tal calibre. En el trance se quebraron amistades y se congelaron relaciones. Desde entonces no hay un espacio compartido y común para los profesionales de los distintos medios. Llegó a manejarse el sintagma de «golpismo mediático» en un manifiesto de profesionales de la información y la opinión que es inevitable reproducir, aunque sea caritativo omitir quienes lo firmaron —y fueron decenas, entre ellos, algunos nombres y apellidos que al depositar su rúbrica enajenaron años de solvencia profesional—. Decía:

Los gobiernos se eligen en las urnas. No al golpismo judicial y mediático. El ataque de la ultraderecha mediática y judicial contra la esposa del presidente del Gobierno es un nuevo intento de subvertir la voluntad popular expresada en las urnas mediante medios ilícitos. La campaña de bulos, falsedades y acoso contra los miembros de los dos últimos gobiernos de coalición y otras fuerzas progresistas e independentistas, coordinada y financiada por la derecha política, mediática, empresarial y judicial, atenta contra las bases mismas de la democracia parlamentaria, y deja inerme al Estado de derecho. Las y los periodistas abajo firmantes invitamos

a la sociedad civil a sumarse a este manifiesto y a movilizar-
se en las Redes Sociales y en las calles contra este atropello
antidemocrático. Los gobiernos se eligen y se cambian en las
urnas y en el Parlamento. No al golpismo judicial y mediático. No a la máquina del fango.

Los abajofirmantes recogían en el panfleto la matriz del
discurso que Pedro Sánchez y sus colaboradores emplearon
durante meses y meses no solo contra la «galaxia digital
ultraconservadora», sino también contra la «ultraderecha
judicial» explícitamente mencionada en el manifiesto. Se
engendró así el gran hallazgo: la «fachosfera». Tiempo después, con lo que se ha sabido de José Luis Ábalos, Santos
Cerdán y Koldo García, con la continuación de los procesos
penales a David Sánchez y al fiscal general del Estado y, sobre todo, con la verosimilitud de que Begoña Gómez haya
podido cometer uno o varios delitos, aquel manifiesto del
26 de abril de 2024 ha pasado a formar parte de uno de los
comportamientos periodísticos más infames de las últimas
décadas.

No deja de resultar paradójico y algo sarcástico que fueran la cadena SER, *El País* y *eldiario.es* los medios que en
junio de 2025 adelantaran la publicación del informe de la
Unidad Central Operativa de la Guardia Civil sobre Santos
Cerdán, ni que desde las páginas del diario de Prisa se haya
sugerido a Pedro Sánchez, un año después de emitido aquel
manifiesto sobre el «golpismo mediático», el 24 de abril de

2025, que renuncie a la secretaría general del PSOE para «no llevarse por delante» al partido. El consejo se lo proporcionó, nada más y nada menos, que el denunciador de la «desfachatez intelectual», Ignacio Sánchez-Cuenca, en un texto que tituló «Pedro, yo sí te creo». También Javier Cercas en *El País* —en su caso, con una libertad de criterio constante y respetada— le reclamaba su dimisión porque «carece de legitimidad para gobernar un presidente cuyos dos colaboradores más estrechos durante una década están siendo investigados por integrar una organización criminal [...]». El novelista y académico tituló su pieza, publicada el 1 de julio de 2025, con la inteligencia que le caracteriza: «La mayor victoria de Pedro Sánchez».

El denominado «plan de acción por la democracia» que Sánchez presentó ante el Congreso de los Diputados en julio de 2024 fue su respuesta a la investigación penal a su esposa, el resultado de su supuesta reflexión durante sus cinco días de retiro en el mes de abril anterior y, a la postre, todo un fraude político para dar cobertura a una venganza que se había cobrado con una constante discriminación a los medios que, mediante su función de vehículos de la *notitia criminis*, cumplieron con su obligación.

Para entonces, el Gobierno ya había perpetrado toda clase de arbitrariedades con la adjudicación de la publicidad institucional; con la selección caprichosa de las acreditaciones en los viajes oficiales; con las exclusiones informativas en todos los ámbitos y actividades de la Administración General del Estado; con la selectividad torticera en la filtración de informaciones; con restricciones injustificadas a la asistencia de periodistas y medios a los *briefings*; con el boicot de representantes gubernamentales a los actos y eventos organizados por determinadas cabeceras y, en fin, con la condena al silencio en las ruedas de prensa institucionales a los profesionales de los medios críticos, a los que se les niega el derecho a preguntar.

Por la precipitación de los acontecimientos y por lo que a la prensa, radio y televisión se refirió, el plan de Sánchez no llegó a alcanzar sus objetivos. La arquitectura jurídica de la protección de la libertad de expresión en España es sólida. La ley orgánica que protege el honor, la imagen y la intimidad es efectiva y se aplica en procesos preferentes en los tribunales. Sobre el amparo a esos derechos se ha generado una sólida doctrina con la jurisprudencia de la Sala Primera del Supremo y mediante las sentencias del Constitucional. El derecho de rectificación, también regulado en una ley orgánica, no requiere de ninguna sustancial corrección; los delitos de odio previstos el Código Penal son otro de los límites infranqueables para que la libertad de expresión no se quebrante y se sancione si sucediese.

Los periodistas y los medios en España cuentan con un código deontológico actualizado de la Federación Española de Asociaciones de la Prensa (FAPE) y otro referencial —Código Europeo de Deontología del Periodismo— de la Asamblea Parlamentaria del Consejo de Europa de julio de

1993. El Reglamento Europeo sobre la Libertad de los Medios de Comunicación de 11 de abril de 2024, de obligada aplicación en todos los países de la Unión Europea, abortó los experimentos domésticos de censura y coerción que pretendió Sánchez y desbarató sus intenciones sectarias de decretar qué es un medio de comunicación y qué no lo es. La tabarra de los «seudomedios» ha concluido.

La «guerra mediática» que ha instigado Sánchez ha dejado heridas abiertas entre medios y entre periodistas. Pero las circunstancias a partir del último trimestre de 2024 han variado sustancialmente. Ha remitido el lenguaje descalificador, se comienza a reconocer la labor de investigación de cabeceras presionadas casi salvajemente por el Gobierno, incluso, desde otras situadas cómodamente en los denominados criterios «progresistas». Se percibe un fin de época que coincide con un episodio legislativo inquietante: el anteproyecto de ley de información clasificada que establece previsiones muy concretas que violan el secreto profesional de los periodistas y que garantiza el artículo 20 de la Constitución. La iniciativa normativa quedó varada en 2022 y el Gobierno la ha retomado. El texto inicial, apenas modificado, recibió en su momento duras críticas del Consejo Fiscal, del Consejo de Transparencia y Buen Gobierno y del Consejo General del Poder Judicial, que indicaron el peligro de que, al amparo de la confidencialidad de informaciones reservadas, se infrinja el estatuto jurídico de la libertad de expresión. La protección de las fuentes periodísticas, garantía de los profesionales y los medios para desenvolverse en una de sus funciones más esenciales, está en el punto de mira de la Moncloa con una perseverancia inquietante. Además, el proyecto de ley de gobernación democrática de servicios digitales y medios entrega a la Comisión Nacional de los Mercados y la Competencia el registro de estos últimos, lo que es, en principio, una medida razonable si no fuera porque el Ejecutivo de Sánchez tiende a interferir en las funciones de los reguladores independientes.

Ambos proyectos legislativos afrontan una tramitación larga y controvertida, más aún si, como parece, se articula también una normativa del secreto profesional en una ley específica, adicional a la de información clasificada. Durante más de cuarenta y cinco años, sin normas de desarrollo, el secreto profesional se ha aplicado de plano y directamente por el mandato constitucional que lo establece. Y no ha creado problema alguno; por el contrario, ha consolidado un modelo deontológico profesional impecable.

Se ha abierto, además, otra era de incertidumbres en el ámbito digital que ha impactado con virulencia sobre los esquemas convencionales de la información, la opinión, el análisis y los procesos de verificación y contraste de las noticias. Existe la convicción generalizada de que hemos entrado, desavisadamente, en el *tecnocentrismo*, bajo el cual «laten poderosos intereses que quieren recopilar nuestros datos, compartir los ingresos y beneficios entre cada vez menos gente, desvincularse de las autoridades legales y las normas democráticas y hasta alterar con su potencia disruptiva nuestras economías», en palabras del escritor sueco y fundador de un foro de debate sobre sociedad digital Per Strömbäck.

La preocupación social y académica por las variables de este nuevo escenario de la prensa digital y de sus implicaciones en la libertad de expresión alcanza a organismos académicos privados españoles, uno de los cuales, el seminario de derecho público que dirige en la Fundación Rafael del Pino el catedrático Andrés Betancor, me solicitó en diciembre de 2024 algunas reflexiones sobre este fenómeno en pleno debate nacional sobre ambos asuntos.

Ante un buen número de catedráticos y magistrados expuse que en el ámbito mediático internet ha sido la «tormenta perfecta» que ha caído en forma de diluvio desastroso sobre los medios de comunicación «tradicionales» —es decir, aquellos que responden a una estructura jurídica reconocible, disponen de un proyecto editorial, registran sus cuentas y emplean a profesionales del oficio—. Los que han sobrevivido a esta disrupción tecnológica migrando hacia una digitalización acelerada no pueden competir frente a las creaciones alternativas de los grades buscadores y se han hecho dependientes de ellos. Sin la Red, los medios de comunicación perderían aún más audiencia y, posiblemente, se extinguirían.

Les expliqué también que los medios «trabajan» para las grandes plataformas suministrándoles contenidos a cambio de audiencia, algo aparentemente inocuo, pero que, en realidad, tiene también algo de suicida. La depredación de la publicidad y el arrasamiento de la propiedad intelectual son fenómenos que golpean a los medios, que han debido convertir sus webs en *marketplaces*, esto es, en webs que se financian a través de la afiliación, los eventos, los contenidos patrocinados y las suscripciones, con cada vez más reducida proporción de ingresos por publicidad convencional. En esta transformación han dejado los medios buena parte del patrimonio deontológico que les connotaba como contrapoder en los sistemas democráticos y han debido admitir, contra natura, rasgos impuestos por los estándares de la era digital, como el anonimato, la, de hecho, ausencia de moderación en sus foros —porque ha calado la idea perversa de que «moderar es censurar»—, la incorporación de contenidos banales para obtener audiencia, la publicación de textos previo cálculo de los algoritmos que atraparían las *keywords*, la utilización fraudulenta de piezas elaboradas por la Inteligencia Artificial (AI) generativa y, en fin, la relativización de principios que discernían el rigor de la frivolidad y el respeto a los derechos individuales y colectivos de la osadía prepotente de la viralidad.

Conté también la preocupación del periodismo por la irrupción de los grandes propietarios y gestores tecnológicos en el control de los medios, con un protagonismo ideológicamente beligerante puesto al servicio, directa o indirectamente, de determinados proyectos políticos, como el que representa Donald Trump, causando una sísmica social y política que impacta en el debate sobre la libertad de expresión y de información. Por eso les participé que no es exagerado llegar a la conclusión de que la democracia está mutando en una «infocracia», como ha teorizado Byung-Chul Han, premio Princesa de Asturias de Comunicación y Humanidades 2025, es decir, vamos hacia un régimen social y político ahormado por el poder de la información, lo cual no sería rigurosamente nuevo —la propaganda empaquetada y transmitida como información fue un fenómeno ampliamente estudiado a propósito de los regímenes criminales de Hitler o Stalin—, pero es desalentador porque la empalizada de las concepciones democráticas no está resistiendo ese embate de tintes auténticamente escalofriantes.

Se está produciendo, les dije, una peligrosa aproximación a lo «goebbelsiano» porque se manejan sin rebozo las técnicas basadas en la simplificación, en el señalamiento visceral del enemigo como argumento de convicción, en la transposición de responsabilidades, en la orquestación argumentativa, en la renovación del mensaje fugaz para que nada de lo que se propala llegue a ser sólido, en la apuesta por lo verosímil —pero no verificable— y, en fin, en la condena al silencio del adversario —enemigo—.

Concluí con este argumento:

En el ámbito digital, sin embargo, cualquier forma de regulación es recibida con una renuencia altiva, cuando no abierto rechazo, en tanto que las regulaciones a los medios de comunicación se aplauden. El relato hegemónico es el del daño que estarían produciendo los llamados seudomedios en España, tenidos por tales en este momento histórico a los que son críticos con la acción del Gobierno y a determinadas conductas de sus miembros o entornos. La propuesta de un «plan de acción por la democracia» (en lo que se refiere a los medios) presentada por el presidente del Gobierno en el Congreso en julio de 2024, con ínfulas regeneracionistas, fue, en sí mismo, un bulo, porque, además de no aportar nada sustancial sobre lo ya recogido en el Reglamento Europeo sobre la Libertad de los Medios de Comunicación, resultó una decisión política reactiva, que desacredita al sector mediático nacional, libera de responsabilidad a las redes en sus diversos formatos y consuma un propósito populista.

El populismo es una de las más serias amenazas a la libertad de expresión. Es un movimiento político degenerativo de los sistemas democráticos que ha renacido (porque ya existió antes) de la mano de la tecnología. Los líderes populistas se caracterizan, entre otros rasgos, por la impugnación de los medios de comunicación, mal llamados convencionales, quebrando su función intermediadora para así establecer una «línea directa» con sus audiencias a través de las redes en sus distintas versiones (el nuevo fenómeno es la fragmentación de las redes). La eclosión populista en este orden de cosas se produjo en junio (el Brexit) y noviembre (la elección de Trump como presidente de Estados Unidos) de 2016. Es el populismo y su manejo de las redes los que han obligado al periodismo a reformularse. Las noticias son hoy bienes mostrencos, de modo que el oficio periodístico se ha convertido en la gestión de verificar y analizar (algo diferente a opinar) las noticias e informaciones, los llamados relatos, la difusión de las versiones alternativas en las que lo verosímil ha sustituido a lo veraz.

En España estamos viviendo en los medios el llamado «efecto desaliento», que consiste en disuadir del ejercicio de las libertades civiles mediante sugerencias coercitivas de diferente género: dictar leyes restrictivas que luego nunca se promulgan; avisar sobre controles a los medios; injerirse en los sistemas de medición de audiencias; amenazar con acciones judiciales abusivas que no se interponen o que se interponen y se retiran; distribución arbitraria de la publicidad institucional y de los patrocinios públicos; discriminación en la asignación de subvenciones «para la digitalización» y, en fin, potenciación de los medios públicos de comunicación —radio y televisión— a costa bien de drenar el mercado publicitario, bien mediante el engrosamiento de las partidas presupuestarias para financiarlos. Pero también mediante el ejercicio de un control férreo de sus contenidos a través de sus órganos de gobierno, cuyos miembros son designados con criterios de afinidad o adhesión, pero no con los de mérito y capacidad. Para los periodistas el desaliento es una de las formas más eficaces de autocensura. Y lo ejercen también otras instancias —por ejemplo, empresariales— mediante las demandas abusivas o la retirada de publicidad y patrocinios. En un sector tan débil financieramente, la disuasión es eficaz para lograr el silencio y, en ocasiones, incentivar el elogio.

En mayo de 2024 se publicó en España *Frente al poder. Trump, Bezos y el Washington Post*, escrito por el director de ese diario, Martin Baron. Su lectura en aquella primavera no sorprendió en absoluto a muchos profesionales de la información porque el Donald Trump de 2016 que describe Baron lo estábamos padeciendo, salvando las distancias, en la España de Sánchez. Se llega así a la desalentadora conclusión de que los populismos, aquel de Trump y este de Sánchez, no son tan diferentes, aunque presenten perfiles ideológicamente antagónicos. Les vincula la manera en la que detestan a la prensa y les caracteriza la forma en la que tratan de neutralizarla en sus funciones de intermediación y de contrapoder. Trumpismo y sanchismo no son lo mismo, pero se parecen demasiado.

7

LA MENTIRA
COMO CORRUPCIÓN

«La veracidad y la política rara vez viven bajo el mismo techo, y, cuando toca dibujar un espantajo para hacer demagogia, los obedientes títeres de la opinión pública pierden todo rastro de ecuanimidad».

Yo, tras un ciclo político intenso y acelerado, he llegado al límite de la contradicción entre el personaje y la persona. Entre una forma de vida neoliberal y ser portavoz de una formación que defiende un mundo nuevo, más justo y humano. La lucha ideológica es también una lucha por construir formas de vida y relaciones mejores, más cuidadosas, más solidarias y, por tanto, más libres. No se le puede pedir a la gente que vote distinto de cómo se comporta en su vida cotidiana.

Así se despidió de la actividad política Íñigo Errejón el 24 de octubre de 2024. Horas antes una mujer le había acusado de acoso sexual. No se defendió. Se limitó a esfumarse dejando solo un mensaje un tanto críptico pero suficiente para entender que el joven y prometedor líder de la «nueva izquierda», cofundador de Podemos y creador del exitoso partido Más Madrid y, luego, Más País, no podía soportar por más tiempo seguir manteniendo la impostura de una doble vida, la progresista, la políticamente correcta, la feminista en público y la más contradictoria con todos esos valores en la privada. Errejón no confesó un delito porque acaso no lo haya cometido. Lo que hizo fue, en términos políticos y sociales, más trascendente, porque desveló que el progresismo normativo había creado un modelo de comportamiento hipócrita y amoral para imponer a los ciudadanos que «votasen distinto a cómo se comportaban en su vida cotidiana».

Conocí y traté a Íñigo Errejón, almorzamos y cenamos juntos en alguna ocasión, hablábamos con cierta frecuencia, parecida a con la que nos intercambiábamos mensajes telefónicos. Era un tipo que me pareció brillante, con labia, pero con una constante inquietud por la certeza moral de lo que estaba haciendo y diciendo. No entreví a la persona, pero no me resultó del todo creíble el personaje que representaba. Las conversaciones con él, sin embargo, me resultaban útiles para auscultar el significado, primero, de Podemos y, luego, de su autodestrucción. Y era interesante cambiar impresiones con un tipo a distancia de mi generación y de mis convicciones ideológicas y morales.

La lectura de su libro *Con todo. De los años veloces al futuro*, publicado en septiembre de 2021, no me sorprendió. Errejón refería somatizaciones casi permanentes por ansiedad y desconcierto, mostraba una dinámica autodestructiva y describía su desenvolvimiento en la vida pública como una especie de calvario contradictorio en el que no encontraba su lugar. En definitiva, estaba gritando —sobre todo a su entorno— que su personaje era una enorme simulación, un engaño. No pocos de sus compañeros y amigos lo sabían y no hicieron nada para rescatarle. Mantuvieron la falsedad, quizá para sostenerse en sus privilegios.

Él, en vez de desaparecer, de irse, comprobó que le protegía la impunidad de su doble discurso y el desdoblamiento de su personalidad. Y que le amparaba su entorno. Errejón descubrió en su memorando la garantía de su protección: «[...] Dos cosas claves en mi vida: la idea de que no hay cuerpo que se sostenga solo y la de que hay que tener una banda». «La banda» le cubrió durante demasiado tiempo. Complicidad de unos y culpa invigilando de otros. Errejón, con su carta de despedida, se comportó, en expresión cruda de uno de sus compañeros, como «una puta bomba» para el progresismo. Aquel que ha sostenido el feminismo inquisitorial, que tira de denuncia anónima, que dice una cosa y hace otra, aquel que dicta cómo hemos de comportarnos, cómo hemos de hablar, cómo hemos de alimentarnos, resulta un fraude. Aquella izquierda integrista —el progresismo sanchista—, reaccionaria, que es la que sentencia qué es lo bueno y qué es lo malo, lo que se puede y no se puede hacer, empantanada en la miseria moral. El comportamiento de Errejón, aislado de su contexto, resultaría un caso más. Pero inserto en el discurso feminista ultra y jupiterino de la izquierda que lideran Pedro Sánchez y Yolanda Díaz constituye un juicio sumario con un veredicto de hipocresía, doble moral y mendacidad.

Errejón desembozó el modelo de la nueva corrupción en España: la de «soy feminista porque soy socialista» de José Luis Ábalos, exsecretario de organización del PSOE, dos veces ministro en los gobiernos de Pedro Sánchez y diputado al Congreso también en la XV legislatura, número dos por la lista de Valencia cuando en la Moncloa y en Ferraz ya se sabía de sus correrías y se sospechaba de sus muy posibles latrocinios. Ni Ábalos ni otros como él, sin embargo, han tenido la sinceridad, tal vez la debilidad, de Íñigo Errejón, que, al redimirse con esa carta en las redes sociales, abrió una perspectiva diferente para observar la falsedad de los códigos éticos de una izquierda progresista que, con ademanes inquisitoriales —la cancelación—, implantaba en nuestro país un doctrinarismo riguroso pero falsario.

La lectura del discurso de José Luis Ábalos del 31 de mayo de 2018 en el Congreso de los Diputados defendiendo la moción de censura contra Mariano Rajoy es una tarea especialmente penosa pero también aleccionadora. No hay un documento parlamentario más mendaz que el recogido en las páginas 1 a 9 del diario de sesiones n.º 126 de la Cámara baja de ese día de la XII legislatura. En la doblez del interviniente se localiza el germen de una corrupción radical que ha hecho metástasis desde aquel inicio del sanchismo: la mentira, la simulación, el engaño. Porque todo aquello que Ábalos prometió en ese discurso, y Sánchez corroboró en el suyo, se ha transformado en el acta de acusación de una época política en España en que la ciudadanía ha sido secuestrada por el embuste. La mentira se ha alzado como una corrupción ética mucho más perniciosa que el cohecho, la apropiación indebida y la prevaricación.

Y si todo comenzó en aquellas dos sesiones parlamentarias del 31 de mayo y 1 de junio de 2018, todo también se tambaleó con la escapada de Íñigo Errejón, con las grabaciones indecentes de José Luis Ábalos, Santos Cerdán y Koldo García, con las gestiones turbias de la tal Leire Díez, con las sospechas de abusos que recayeron el 5 de julio de 2025 sobre Francisco Salazar, otro hombre de confianza del presidente. Y todo se derrumbó el 9 de julio siguiente. Fue entonces cuando Núñez Feijóo, en una réplica parlamentaria de legítima defensa, denunció lo que ya se conocía, pero no se había explicitado en sede institucional: que Pedro Sánchez pudo haber sido «partícipe a título lucrativo» del «abominable negocio de la prostitución» que durante años explotó su suegro. No hubo réplica del interesado, sino solo un silencio que podría entenderse como aquiescente, quizá confirmatorio. A fin de cuentas, no siempre es posible deambular impunemente exhibiendo una falsa exquisitez moral —expulsión del partido para los compradores de sexo, ilegalización de la prostitución— y con un trastero tan abarrotado de chatarrería biográfica.

En España son abundantes las experiencias amargas con una corrupción política recurrente, y cíclica con la económica. Pero la que se viene produciendo en el nuevo escenario que surgió del multipartidismo, en los renovados temarios ideológicos de la izquierda, en sus políticas identitarias, es diferente, cualificadamente distinta y terriblemente desastrosa. Porque la mentira militante de los personajes que encubren a las personas ha creado la normalidad perniciosa de la simulación. Y, así, el engaño se ha trasladado a toda la realidad de la política. La consecuencia ha sido un déficit insalvable de legitimidad democrática y ética que se demostraría, incluso, con esa rampante falsificación de biografías profesionales que visten con títulos académicos inventados a una clase política intelectualmente depauperada.

Contemplar cómo desde un periódico de referencia se vierten con términos irreversible acusaciones de abusos sexuales contra un exitoso director cinematográfico sin que luego cristalicen en un proceso judicial. Cómo un afamado periodista cultural que rebate el machismo del Museo del Prado por la cosificación femenina en la pinacoteca y luego desaparece radicalmente de la escena ante la acusación de algunas de sus compañeras de redacción. Cómo se aplaza el confinamiento en el inicio de la pandemia para que se celebre la manifestación del 8 de marzo de 2020 con profusa presencia de las ministras biográficamente menos comprometidas del Gobierno al grito de «hermana, yo sí te creo». Cómo se admite y consuma el cambio de sexo sin más requisitos que unas comparecencias registrales. Cómo se dicta una ley que termina por excarcelar a violadores y abusadores pretendiendo convencer de que la norma tenía la finalidad de situar el consentimiento femenino por encima de cualquier otra (sin)razón. Cómo se destroza el movimiento feminista de más fondo, de más larga tradición para acoger como hegemónicos otros enhebrados en identidades erráticas. Cómo se pervierte el sentido de las palabras, el pacto que incorporan, las reglas con las que nos entendemos, con el llamado «lenguaje inclusivo». Cuando se observan estas simulaciones perseverantes en su amoralidad, se llega a entender la naturaleza patológica mendaz del régimen de Sánchez.

Porque, en el mientras tanto, hombres del núcleo duro del presidente del Gobierno compraban sexo con fondos públicos, cambiaban de amiga como si de un mueble se tratara, las colocaban en empresas públicas en falsos puestos de trabajo y se expresaban al modo más tabernario de los puteros consumados y procaces. Y, sí, la «banda» sospechaba. Pero callaba. ¿Qué importancia podía tener en esas circunstancias extender la mentira como hábito, la mendacidad como método y la simulación como excusa en todos los ámbitos, incluidos el político, el electoral y el institucional? Ninguna.

Por eso, al mismo tiempo que el marco punitivo para la incorrección política se incrementaba, se introducía la laxitud sancionadora para los delitos contra los valores constitucionales, primero con indultos y luego con amnistía, se suprimían tipos penales que amparaban bienes jurídicos intangibles, se suavizaban las penas por ilícitos como la malversación, se desactivaba la protección de las instituciones del Estado —la Corona entre ellas—, se establecía una praxis política en la que los golpistas y los exterroristas formaban parte de la «dirección estratégica del Estado» y, en definitiva, la verdad se convertía en una opinión, mientras que la mentira dejaba de serlo para transformarse en un cambio de criterio.

El sanchismo arrancó con la expectativa de que la responsabilidad política sería un nuevo umbral de exigencia en la democracia española. La moción de censura fue el instrumento de exigencia constitucional de esa responsabilidad política a un presidente del Gobierno —Mariano Rajoy— ajeno a la vigencia de ese concepto. Fue esperanzador que el primer y brevísimo ministro de Cultura, Máxim Huerta, fuese cesado el mismo mes de junio de 2018, pocos días después de su nombramiento, al denunciarse una sociedad por él constituida para la elusión fiscal, y que la ministra de Sanidad, Consumo y Bienestar Social Carmen Montón corriera igual suerte en el mes de septiembre de ese mismo año tras la publicación de supuestas irregularidades en la obtención de un máster en la Universidad Rey Juan Carlos de Madrid —aunque fuese colocada poco después, y en ese cargo sigue, como embajadora observadora ante la Organización de Estados Americanos—.

Pero a partir de entonces la determinación de Sánchez fue exactamente la contraria: antes morir que dimitir y, por lo tanto, retrotraerse al mecanismo de la irresponsabilidad política que censuró en su antecesor y que consiste, en palabras del jurista José Tudela Aranda, autor de un ensayo jurídico-político de extraordinaria altura *En defensa del Estado de Derecho*, publicado en junio de 2025, en la «ausencia de sanción y de consecuencias para comportamientos objetivamente perjudiciales para los intereses públicos». Toda la retórica de la moción de censura se quedaba así en quincalla parlamentaria. Porque, ¿es perjudicial para los intereses públicos la sospecha no despejada de que el presidente del Gobierno haya plagiado su tesis doctoral?; ¿lo es que su mujer sea investigada penalmente por supuestos delitos de corrupción y tráfico de influencias?; ¿lo sería que su hermano hubiere accedido a una plaza en una entidad pública por el simple hecho de serlo del entonces secretario general del PSOE?; ¿es soportable para la higiene colectiva que el fiscal general del Estado permanezca en el cargo estando procesado por un presunto delito de revelación de secretos?; ¿es digerible que se utilice el aforamiento sobrevenido, como en el caso del lamentable Miguel Ángel Gallardo en Extremadura, para retrasar una causa penal?

La respuesta es que esas conductas son objetivamente lesivas para el interés colectivo, entendido este como un sistema de valores mínimo sobre el que se fundamenta la confianza pública en las instituciones y sus titulares. La pregunta es, de nuevo, ¿qué consecuencias han tenido, al margen de las penales para los concernidos en los procedimiento abiertos, para el propio presidente del Gobierno? Tampoco ninguna. Se ha diluido su responsabilidad política con la penal, que sería la única exigible. Pedro Sánchez se ha zafado de cualquier consecuencia personal en esas y otras conductas, desplazando la línea roja de la responsabilidad política hasta el infinito y, de hecho, aferrándose al poder de una manera tan sospechosa que podría colegirse que se ampara en él más como un burladero, ante sus eventuales culpas penales que pudieran derivarse de los procesos en trámite, que como una expresión de convicción y afirmación en la calidad de su gestión.

La conclusión es que, desde el desbordamiento de los casos de corrupción judicializados, la política gubernamental se ha convertido en un cenagal. Y esto tiene mucho que ver con la selección negativa, adversa, de la clase dirigente política en España y, en particular, la del sanchismo, personificada en los exsecretarios de Organización del PSOE y en los turbios personajes de sus entornos que, al mismo tiempo que se apropiaban de fondos públicos, cobraban comisiones ilegales y traficaban con influencias, eran los gestores gubernamentales y orgánicos más estratégicos. Que Santos Cerdán se autoproclamase ante el juez «arquitecto» del Gobierno progresista —lo fue, desde luego, al urdir el pacto del PSOE con Junts en Bruselas—, que José Luis Ábalos resultase el personaje clave del regreso de Sánchez a la secretaría general del PSOE en 2017 y fuese el portavoz del grupo socialista en la moción de censura contra Rajoy y dos veces ministro, y que Koldo García recibiese del presidente del Gobierno elogios extraordinarios por su fidelidad remite inevitablemente a considerar que la autocracia de Sánchez ha cursado vinculada al fenómeno de la cleptocracia y que ambas se han cimentado en el engaño, la mentira y la simulación. Y no solo por los presuntos delitos que estos tipos cometieran, sino también, y lo más impactante, por la simultaneidad de conductas aparentemente incompatibles: las políticas de la mayor responsabilidad, las delictivas de naturaleza económica y las personales de la máxima zafiedad moral.

El 21 de julio de 2025, un centenar de personalidades —las de siempre— lanzaron un manifiesto igualmente clientelar y democráticamente maniqueo e insensato, en cuyo punto cuarto decía:

La Constitución de 1978 es meridiana al respecto. El presidente del Gobierno fue investido por un periodo de cuatro años y tiene legitimación constitucional para seguir gobernando otros dos. La caída del Gobierno solo es posible por el éxito de una moción de censura o la celebración de elecciones si las convoca el presidente del Ejecutivo. Ninguna de las dos opciones se ha dado hasta el momento. Pretender acortar la legislatura por otros métodos supondría un golpe inconstitucional. Aquellos que solicitan que se celebren ya elecciones, sean de derechas o de izquierdas, lo único que desean es que llegue un gobierno de las derechas PP/Vox. Es evidente que los supuestos delitos cometidos por exsecretarios de organización del PSOE son graves y denotan crasos errores *in eligiendo* e invigilando. Sin embargo, es inadmisible que un Gobierno democráticamente elegido caiga por un informe de la Guardia Civil antes de celebrarse un juicio con todas las garantías en el que se acreditase la responsabilidad de la presidencia o del partido afectado.

Estos cancerberos del régimen regresaban a la falsedad porque eximían de toda responsabilidad al Gobierno y a su presidente, obviando el mecanismo de la cuestión de confianza como el adecuado para acreditar la legitimidad de la que, presumen, goza Sánchez. Y eluden que su Ejecutivo, contra el mandato expreso de la Constitución a la que apelan, no ha aprobado los Presupuestos Generales del Estado en los dos últimos ejercicios no porque se hayan rechazado, sino porque no han sido presentados en el Congreso.

El resto del texto es una farfolla de tesis conspirativas que restan cualquier capacidad de persuasión al pronunciamiento. Y relleno supremacista de izquierda bonita, incluso contra aquellos en ese espectro que discrepan del canon de los recurrentes y caricaturizables «progres» cuasi profesionales del manifiesto autorreferente. Aunque lo interesante fue que el manifiesto de los recurrentes abajofirmantes, que pasan por militar todos ellos en el progresismo, era una pieza más en el puzle de la falsedad institucionalizada y la prueba de la absorción visceral completa de la corrupción ética y la normalización del estado de excepción moral en el que se desenvuelve la vida pública en España, que incluye evitar al precio que sea un muy verosímil gobierno de las derechas.

La cuestión es si, ya preventivamente, se está o no extorsionando a la opinión pública con la «criminalización» de la alternativa, o si está en marcha el desarrollo de alguna idea verdaderamente golpista para evitarla incluso en 2027. Estamos volviendo a la dialéctica que condujo a los brotes revolucionarios de 1934. En ese criterio convergen también los socios de Sánchez, que le mantienen como un pelele en la Moncloa retrasando cuanto puedan su desahucio democrático. Si llegan a 2027, ¿qué harán? Echando la mirada a la historia, el tal escrito del centenar de «progresistas» y la actitud de las izquierdas podrían emparentar con el «Manifiesto de los persas» de 1814, en el que sesenta y nueve reaccionarios pedían a Fernando VII la abrogación de la Constitución de Cádiz de 1812, como los abajofirmantes de ahora reclaman, en la práctica, la de 1978.

Se entiende así mejor que los factores criminógenos de la corrupción económica sigan arraigados en el sistema político con un presidente cuyo discurso legitimador de la censura al anterior fue el de la regeneración, de la limpieza, de la higiene en la gestión pública. Nada más lejos de la realidad porque el factor hondamente criminógeno —es decir, la variable que más favorece la corrupción sea ética o sea material— es, precisamente, el engaño metódico como partitura de la gestión política. Es la que ha interpretado Pedro Sánchez y la que ha dejado interpretar a sus círculos de colaboradores más estrechos. Faltar a la verdad en las ofertas programáticas electorales ha sido un continuo del secretario general socialista hasta el punto de que lo previsible es que fuese cierto lo que él daba por falso y por certero lo que él descartaba que lo fuera.

Este proceso de desnutrición ética responde, desde luego, a la elección de personajes que ocultaban su verdadera encarnadura en la palabrería progresista, pero también a la extensión de toda una red clientelar que ha proporcionado al sanchismo una malla que, a modo red, le ha librado de caer en los momentos más críticos y que le ha retribuido con el apoyo más descarado en la operación de descoyuntar el modelo constitucional. El régimen de Sánchez, como ocurre en todos los modelos regimentales, ha contado con colaboracionistas situados en las posiciones más estratégicas. La colonización de las instituciones, por una parte, y las regalías, por otra, han sido los instrumentos para comprar las complicidades. Sánchez —quizá estableciendo el baremo moral en sus propias percepciones éticas— ha acertado a entregar el Estado a los más dóciles, a los más mediocres o a los más indecentes.

El referente más acabado de colaboracionismo ha sido el de José Luis Rodríguez Zapatero, quien, además de representar en su momento el protosanchismo, ha empleado su experiencia y sus contactos, todos ellos opacos y orlados por las peores sospechas, para apuntalar a Sánchez en el partido y en el ámbito internacional más sórdido, sea el venezolano, sea el marroquí, sea el chino. Ha oficiado de mediador en las transacciones más pringosas y ha compadreado con todos los autócratas y dictadores que han acudido a él como el gran «consultor», actividad que reconocidamente ha ejercicio en compañías dedicadas a los asuntos públicos y a diseñar estrategias de comunicación y márquetin.

Se ha producido entre ambos un *do ut des*: el presidente del Gobierno le reconoce su personalidad referencial —y se la niega a González— y Zapatero le retribuye con su apoyo incondicional. Pero esa relación no solo es retórica. El expresidente del Gobierno está en el secreto de algunas de las políticas de Sánchez: en la amnistía, desde luego; pero también en la relación con Marruecos —a pachas con Moratinos— y con Venezuela. Maniobra bien en los pactos con secesionistas y nacionalistas. Le ha prestado a la Moncloa, además, agenda y colaboradores. Los dos socialistas han decidido jugar juntos la partida antisistema. Sánchez-Zapatero se han constituido en un consorcio político sin precedentes porque han unido su suerte. Son lo suficientemente diferentes y lo necesariamente afines para que esa sociedad de intereses funcione con la sincronización adecuada.

El último libro de Rodríguez Zapatero, titulado *La solución pacífica*, sin apenas repercusión, le delata. En el texto, de una elementalidad propia de un cuaderno de educación general básica, Zapatero se define como *peacemarker*, como «un pacificador». Dice amar la paz y el diálogo por encima de todo y advierte de que escribe el relato «contra la resistencia de Estados Unidos a asumir la pérdida de su hegemonía económica, política y cultural». El expresidente profundiza con fruición en los más completos disparates. No termina de concretar qué países o políticos son los responsables de los males del mundo, pero tiene claro quiénes son los que representan el futuro más halagüeño para el planeta: sobre cualquier otro país o sistema, China y sus dirigentes. El expresidente dedica veintiséis páginas de su obrita a desgranar una sucesión de encendidos elogios a la República Popular China, a la que atribuye el mérito de «haber conseguido llevar a cabo en treinta o cuarenta años un mayor nivel de desarrollo que ningún otro país en la historia poniendo en cuestión el pensamiento liberal occidental».

Rodríguez Zapatero no es el único que se dedica a la eufemísticamente «mediación» y «consultoría» con los interlocutores más despreciables. Uno de los más conspicuos colaboradores del régimen sanchista es el emboscado José Blanco, «Pepiño», causalmente también exsecretario de Organización del PSOE e igualmente exministro de Fomento. Ahora regenta una consultora en la que ha reunido, a modo de camuflaje, a personajes de distintas estirpes ideológicas que le ofrecen cobertura para su actividad lobista, más discreta que la del expresidente, pero en todo caso rentable. Hombres y mujeres del sanchismo han pasado o permanecen en esa consultora que se beneficia, como el expresidente, de la incuria legislativa del Gobierno, el cual, haciendo caso omiso de los informes apremiantes sobre el Estado de derecho de la Unión Europea y del GRECO —el último, publicado el mes de agosto de 2025—, no ha dictado la necesaria ley reguladora de los *lobbies*. Está en cartera un anteproyecto de ley de transparencia e integridad de los grupos de interés, publicado el 7 de febrero de 2025 en el *Boletín Oficial de las Cortes Generales*, pero que duerme el sueño de los justos porque la desregulación de esta actividad forma parte de los territorios que el sanchismo presta al colaboracionismo que le asiste. La reaparición, abrupta, de Cristóbal Montoro y sus presuntos delitos denuncia la tardanza dolosa en entrar a machete en esa selva de transacciones que defraudan, además del dinero ajeno, muchas veces público, la decencia y el pudor exigibles a los que ejercen cargos institucionales y que deben conducirse con una mínima ejemplaridad.

El caso de Cándido Conde-Pumpido es diferente, pero está conectado con la corrupción ética que señorea en el régimen de Sánchez. Su posición institucional es la compensación por la obediencia debida, pero, además, es la óptima para satisfacer sus sentimientos de rencor y venganza contra sus compañeros de la judicatura y contra el entero sistema que no le habrían reconocido su inflamada autoestima como jurista y como estadista. Es duro referirse así al presidente del Constitucional, pero él lo propicia con su conducta incoherente y con su militancia en el uso alternativo del Derecho, en la creatividad interpretativa que ha impuesto y permitido y en la desviada práctica colegisladora que ha amparado. Porque, ¿cómo explicar que, en 2014, siendo magistrado de la Sala Segunda del Supremo, se abstuviese campanudamente de participar en la deliberación de los recursos de casación contra las sentencias de los ERES dictadas por la Audiencia de Sevilla y no se haya apartado de la deliberación de los recursos de amparo de los condenados en esas causas? No lo hizo por venganza, descargada contra su detestada Sala Segunda del Supremo que aspiró a presidir, sin conseguirlo, lo que para un hombre soberbio como él fue afrentoso.

Sánchez, además, ha comprado a los «árbitros» del sistema. Con algunas salvedades —la de la presidenta de la Autoridad Independiente de Responsabilidad Fiscal y la de la Comisión Nacional de los Mercados y de la Competencia—, controla todo el sector institucional de la Administración General del Estado. Desde el Banco de España al Consejo de Transparencia y Buen Gobierno, pasando por todos los organismos autónomos que, con un estatuto jurídico de autonomía, personalidad jurídica y control parlamentario, determinan el sesgo de la gobernación del Estado. El Instituto Nacional de Estadística, la ya referida Radio Televisión Española, el no menos criticado Centro de Investigaciones Sociológicas (CIS) y tantos otros responden a golpe de cornetín a las decisiones gubernamentales. La infección sectaria llega, incluso, hasta los mecanismos previstos para controlar los conflictos de intereses. La oficina que debiera investigarlos depende del Ministerio de Transformación Digital y Función Pública, sin que en todos estos años de previsto saneamiento del sistema se le haya concedido naturaleza de órgano independiente y dotado de medios para evitar el bandolerismo de una clase dirigente postrada en su mediocridad como ninguna anterior en la democracia española. Por apurar, ni la agencia EFE se ha sustraído a la marea clientelar: su presidente es el que fuera secretario de Estado de Comunicación en los primeros gabinetes de Sánchez.

El Consejo de Ministros ha sido una gran cantera de clientes. Las figuras más oportunistas, como Nadia Calviño, en su momento mano derecha del conservador Jean-Claude Juncker, presidente de la Comisión Europea entre 2014 y 2019, ha acabado sentada en la presidencia del Banco Europeo de Inversiones —una responsabilidad de dudoso perfil progresista— y Teresa Ribera, en la vicepresidencia de la Comisión. Constituida después de las elecciones europeas de 2024, depararon una correlación de fuerzas en la Cámara que no le permitirá aplicar las políticas que, con mano de hierro, impuso en España mientras desempeñó la vicepresidencia tercera del Gobierno.

Observar los toros desde la barrera para aplaudir la faena ha sido una de las formas de Pedro Sánchez de premiar a sus colaboradores para que sigan siéndolo. Carmen Calvo, su primera vicepresidenta y ministra de Presidencia, es la presidenta del Consejo de Estado, máximo órgano consultivo del Gobierno. No le importó sustituir a Magdalena Valerio, exministra de Trabajo que fue nombrada para ese puesto y del que la Sala Tercera del Supremo la desalojó por carecer de las condiciones legales para desempeñarlo.

Ítem más, Héctor Gómez fue un fugaz ministro de Turismo y, sin licenciatura que justifique la apariencia de idoneidad para el cargo, representa a España en las Naciones Unidas. Lo mismo que Miquel Iceta, también exministro de Cultura, que oficia de embajador de España ante la Organización para la Educación, la Ciencia y la Cultura (UNESCO), con sede en París. El catalán sustituyó en el cargo al también exministro José Manuel Rodríguez Uribes, que ha recalado en la presidencia del Consejo Superior de Deportes. El expresidente de la Generalitat valenciana Ximo Puig, periodista de formación, también se dedica ahora a la política exterior: es el embajador de España ante la Organización para la Cooperación y el Desarrollo Económico (OCDE). Por fin, y a título enunciativo, el exministro de Justicia Juan Carlos Campo continúa en activo, pero como magistrado del Tribunal Constitucional, y el también exministro José Luis Escrivá al frente del Banco de España. Las delegaciones del Gobierno en las distintas comunidades autónomas han sido también repositorios para encajar en la nómina pública a los personajes descolgados de los puestos de tronío.

Los titulares de hasta seis carteras son también miembros de la Ejecutiva Federal del PSOE y cinco, líderes en otros tantos territorios: Óscar López en Madrid; Diana Morant en Valencia; María Jesús Montero en Andalucía; Pilar Alegría en Aragón y Ángel Víctor Torres en Canarias. El caso más sangrante de incompatibilidad material es el de la vicepresidenta primera del Gobierno y secretaria general del PSOE de Andalucía, también vicesecretaria del PSOE, que, como titular de Hacienda, es juez y parte en el delicado asunto de la financiación autonómica, aunque sus compañeros y futuros candidatos a las presidencias de sus respectivas autonomías incurren igualmente, en mayor o menor medida, en un conflicto de intereses irresoluble, porque no hay procedimiento judicial o administrativo que pueda oponerse para deshacerlo o evitarlo.

La red clientelar que ha enhebrado Pedro Sánchez es la más tupida y descarada de cuantas se han intentado en anteriores ciclos gubernamentales. Porque, además de utilizar la estructura institucional, ha empleado también la empresarial, a su alcance en aquellas compañías en las que el Gobierno dispone de influencia por la participación en su capital —a través de la SEPI— o potestad directa, como en las sociedades estatales. En ambos casos no solo ha colocado a gestores de su estricta confianza, sino que también ha trufado sus consejos de administración con peones de la cuerda de los partidos que forman la llamada «mayoría de la investidura». ERC, Junts y el PNV disponen por primera vez de militantes en los órganos rectores de empresas estatales, mixtas y otras privadas, pero permeables al Gobierno en la medida en que es el Ejecutivo el que dispone de potestades regulatorias a las que las grandes y medianas compañías son muy sensibles.

Toda esta clientela es la que solidifica el régimen, la que hace que la respuesta pública a las políticas de Sánchez que transforman la necesidad en virtud sea siempre de aceptación y aplauso. Y a la postre, es la que soporta con estoicismo la corrupción, no tanto la que consiste en el tosco procedimiento de meter la mano en la caja cuanto aquella otra que salmodia que Begoña Gómez es una víctima de *lawfare*, que David Sánchez es un prodigio de las artes musicales o que el fiscal general del Estado, Álvaro García Ortiz, es un probo funcionario que se ha dedicado a restablecer la verdad frente a los «bulos» y la desinformación.

Se trata de un gran paraguas protector de la simulación para dar por buena la mutación del sistema constitucional y su tránsito al regimental de Sánchez y, en esa medida, se comporta como el mayor de los factores criminógenos. La red de complicidad maneja otros recursos de persuasión colectiva. Quizá el silencio sea uno de los más efectivos y el peor de cuantos se han adensado en el ambiente público. Ese silencio atronador es el que ha acompañado la hipocresía de esos tantos que se declaran «feministas» porque son «socialistas». La capacidad de deglución de miserias de este estómago clientelar no tiene límite y, de esa manera, establece las condiciones idóneas para la irresponsabilidad política del presidente, de su Gobierno y de sus colaboradores y asociados.

Por accidental que resulte el personaje, el epítome de la falsedad gubernamental tiene nombre y apellido, Pilar Alegría —y antes, Isabel Rodríguez—, portavoz del Gobierno, que ha acreditado una pertinaz desvergüenza que le trasciende y se alza como la seña de identidad del régimen de Sánchez. Se puede no decir la verdad por ignorancia o se puede mentir con voluntad explícita de engañar. Pero pueden combinarse lo uno y lo otro. El resultado es Pilar Alegría, ministra también de Educación, que sirve de referente en el soporte de la falsedad continuada en sede institucional. Cada martes en la rueda de prensa tras el Consejo de Ministros se inmola con una perseverancia cruenta. Sería preferible pensar que miente, ella y sus compañeros, más por incapacidad que por propósito falsario. Porque si la incompetencia es temeraria, la maldad de la mentira es directamente abominable.

¿Tiene derecho a mentir el poder político, sea este cual fuere? Eloy García, constitucionalista, indagó hace años en la polémica entre Immanuel Kant y Benjamin Constant sobre la existencia de un deber incondicionado de decir la verdad. La verdad es una categoría moral; la veracidad es sociológica y, en esa medida, también una exigencia política, porque sobre ella se fundamenta la convivencia, que es la que quiebra el embuste. Al Partido Popular en 2004, la mentira sobre el 11-M le costó la pérdida de poder. En la segunda legislatura de Rodríguez Zapatero, la mentira sobre la crisis económica arruinó al PSOE. Será la mentira —la suya, pero también la de su familia— la que le arroje del poder a Sánchez, la que propiciará su descrédito en el relato de la historia reciente y el bochorno ético a los que palmearon su mendacidad. El 9 de julio de 2025, Sánchez esbozó otro plan de acción contra la corrupción, tan vacío de contenido como el del año anterior en defensa de la democracia, con más de una decena de medidas evanescentes. No incluyó en el listado la principal de todas las necesarias: la de restablecer, si eso fuese posible, su probidad. Todo este carnaval de caretas y disfraces se resume, sin embargo, en una pregunta y en una respuesta que sintetiza la época corrupta del sanchismo y la inversión de los principios de la ética democrática: «Presidente, ¿por qué nos ha mentido tanto?», le inquirió el 19 de junio de 2023 Carlos Alsina a Pedro Sánchez en la antena de Onda Cero. La respuesta, después de una larga ciaboga dialéctica, fue tan pornográfica como apodíctica: «No he mentido, he cambiado de opinión». Luego, el día 23 de julio, al filo de la medianoche de la jornada electoral, asió el micrófono, se alzó en la tarima instalada en la calle Ferraz de Madrid de la mano de Begoña Gómez, y profirió otra falsedad: «Somos muchos más». El PSOE había perdido las elecciones, pero Sánchez quería el poder, y para conseguirlo solo tenía que hacer una leve corrección que su conciencia apenas percibiría: mentir a su partido, a su electorado y a la entera sociedad española. Lo hizo sin perder la sonrisa y al lado de la persona, su esposa, que le llevará a la papelera de la historia. Pedro Sánchez ideó la destrucción del sistema constitucional para sustituirlo por su autocracia. Desde siempre no ha habido en la política peor corrupción que la mentira. Esa campeona del pensamiento filosófico y escrutadora del totalitarismo llamada Hannah Arendt dedicó uno de sus mejores ensayos a la mentira en la política y nos legó la esperanza de que la verdad es irremplazable por más que tarde en imponerse. En España llevamos ya casi una década esperándola.

Bibliografía

ÁLVAREZ, José Luis, *Los presidentes españoles*, Almuzara, Córdoba, 2003.

ARENDT, Hannah, *La verdad y la mentira en política*, Página Indómita, Barcelona, 2017.

BARON, Martin, *Frente al poder. Trump, Bezos y el* Washington Post, La Esfera de los Libros, Madrid, 2024.

CAZORLA PRIETO, Luis María, *¿Una ley de la Corona?*, Aranzadi, Madrid, 2021.

DEBRAY, Laurence, *Mi Rey caído. Juan Carlos I de España*, Debate, Barcelona, 2022.

DION, Stéphane, *et al.*, *Condiciones de la secesión en democracia. Reflexiones a partir de la experiencia canadiense*, Tirant lo Blanch, Valencia, 2024.

ERREJÓN, Íñigo, *Con todo. De los años veloces al futuro*, Planeta, Barcelona, 2021.

FAYOS GARDÓ, Antonio, *Derecho a la intimidad y medios de co-municación*, Centro de Estudios Políticos y Constitucio-nales, Madrid, 2000.

FUENTES, Juan Francisco, *Numancia errante. La idea de España en el exilio republicano*, Real Academia de Historia, Ma-drid, 2024.

GARCÍA-PELAYO, Manuel, *El Rey*, Clásicos del pensamiento, Tecnos, Madrid, 2025.

GINZBERG, Siegmund, *Síndrome 1933*, Gatopardo Edicio-nes, Barcelona, 2024.

GONZÁLEZ FÉRRIZ, Ramón, *La ruptura. El fracaso de una (re) generación*, Debate, Barcelona, 2024.

GRIJELMO, Álex, *La perversión del anonimato*, Taurus, Barce-lona, 2024.

HAN, Byung-Chul, *Infocracia. La digitalización y la crisis de la democracia*, Taurus, Barcelona, 2024.

KANT, Immanuel, CONSTANT, Benjamin, *¿Hay derecho a men-tir? La polémica Immanuel Kant-Benjamin Constant, sobre la existencia de un deber incondicionado de decir la verdad*. Es-tudio preliminar de Gabriel Albiac y edición de Eloy García, Tecnos, Madrid, 2021.

MARCHENA, Manuel *La justicia amenazada*, Planeta, Barce-lona, 2025.

MARÍAS, Julián, *La guerra civil. ¿Cómo pudo ocurrir?*, Fórcola, Madrid, 2012.

MUÑOZ MOLINA, Antonio, *Todo lo que era sólido*, Seix Barral, Barcelona, 2013.

OWEN, David, *En el poder y en la enfermedad*, Siruela, Madrid, 2023.

REID, Michael, *España*, Espasa Libros, Barcelona, 2025.

SÁNCHEZ, Pedro, *Manual de resistencia*, Península, Barcelona, 2019.

—, *Tierra firme*, Península, Barcelona, 2023.

SÁNCHEZ-CUENCA, Ignacio, *La desfachatez intelectual. Escritores e intelectuales ante la política*, Libros de la Catarata, Madrid, 2016.

STRÖMBÄCK, Per, *21 Mitos Digitales. Antídoto contra la posverdad internauta*, Ediciones Quinto 20, Barcelona, 2017.

SUEIRO, Enrique, *Verdad organizada*, Kolima, Madrid, 2025.

TAJADURA, Javier *et al.*, «La República de Weimar», en *La Constitución de Weimar: Historia, política y derecho*, Centro de Estudios Políticos y Constitucionales, Madrid, 2020.

TEZANOS, José Félix, *Pedro Sánchez. Había partido: de las primarias a la Moncloa*, Libros de la Catarata, Madrid, 2022.

TUDELA ARANDA, José, *En defensa del Estado de Derecho*, Marcial Pons, Madrid, 2025.

VÉLIZ, Carissa, *Privacidad es poder. Datos, vigilancia y libertad en la era digital*, Debate, Barcelona, 2021.

VICENTE Y GUERRERO, Guillermo (coord.), *La libertad de expresión. Avances, límites y desafíos futuros*, Colex, A Coruña, 2024.

RODRÍGUEZ ZAPATERO, José Luis, *La solución pacífica*, Plaza & Janés, Barcelona, 2025.

ZARZALEJOS, José Antonio, *La destitución. Historia de un periodismo imposible*, Península, Barcelona, 2010.

—, *Mañana será tarde*, Planeta, Barcelona, 2015.

—, *Felipe VI. Un rey en la adversidad*, Planeta, Barcelona, 2021.

ZWEIG, Stefan, *La verdad nunca es vana. Aforismos*. Introducción y selección de textos de Juan Parra, Alfabeto, Madrid, 2024.

Para documentar este texto se han consultado también las hemerotecas de *El Confidencial*, *El País*, *La Vanguardia*, *El Mundo* y *ABC*, entre otras.